与圣贤有约丛书

与老子有约

台湾师范大学国文系教授 朱荣智 著

——走近圣贤
——聆听智慧
——感悟『自然之道』

山东城市出版传媒集团·济南出版社

图书在版编目（CIP）数据

与老子有约／朱荣智著．—济南：济南出版社，
2015.8（2021.4 重印）
（与圣贤有约丛书）
ISBN 978-7-5488-1733-8

Ⅰ.①与…　Ⅱ.①朱…　Ⅲ.①老子—哲学思想—通俗
读物　Ⅳ.①B223.1-49

中国版本图书馆 CIP 数据核字（2015）第 197122 号

出版人	崔　刚
责任编辑	冀瑞雪
装帧设计	张　倩

出版发行	济南出版社（250002）
地　　址	济南市二环南路1号
编辑热线	0531-86131747（编辑室）
发行热线	82709072　　86131747　　86131729　　86131728（发行部）
印　　刷	山东新华印刷厂潍坊厂
版　　次	2016年1月第1版
印　　次	2021年4月第4次印刷
开　　本	150 mm×230 mm　16开
印　　张	9.75
字　　数	150千
定　　价	28.00元

（济南版图书，如有印装错误，请与出版社联系调换。联系电话：0531-86131736）

自　序

　　老子是我国春秋时代非常伟大的思想家,他的《道德经》虽然只有五千言,但是历来研究老子及《道德经》的专著和论文,可以说是成千上万,不胜枚举。老子思想的研究一直是中华文化中的显学。我们称老子是中国哲学史上一位很了不起的伟人,一点都不过分,老子思想的价值,不仅影响了几千年来的中国人,也影响了全世界许多国家和民族。20世纪80年代,根据联合国教科文组织的统计,在世界文化名著中,译成外语文字出版发行量最大的是《圣经》,其次就是《道德经》。英国科学家李约瑟《中国科技史》一书说:"中国文化就像一棵参天大树,而这棵参天大树的根在道家。"可见老子思想的重要价值和广泛的影响力。

　　老子的思想以"道"为基础。老子所说的"道",一方面是指宇宙生命的本源,是不可见、不可闻、不可触摸的抽象存在,生育万物而不居功;另一方面则指天地万物运行的秩序。老子主张人要效法天道,顺应自然,无为而无不为。老子主张"无为",并不是不要有作为,而是不要刻意作为,要顺应自然而为。

科技的快速发展,尤其是电脑和网络的全面普及,我们不只是全球化,而且是生活在地球村,天涯若比邻,超越了时空的隔阂。我们享受高科技文明带来的富足和便捷,也承受着现代社会的竞争和压力。现代人沉溺于对物欲的追逐,以致忽略了精神的满足,甚至因为贪图奢靡的物质享受,迷失于五光十色的缤纷世界。

追求幸福快乐的生活,是人之常情。但是很多人舍本逐末,舍近求远,以为有了丰富的物质生活,就能得到所谓的幸福与快乐。其实,快乐在心不在物,幸福不在于拥有什么东西,而在于内心的感觉。物质生活的满足,只是一时的、短暂的,人只有求得一颗安定的心、富足的心、感恩的心,从心灵上得到自由解脱,才能得到真正的幸福与快乐。

老子的人生智慧,告诉我们要知止、知足、舍得、放下,过简单的生活,回归婴儿般的纯真,凡事顺应自然。本书针对年轻人在校求学或是初入社会的种种困惑,启迪他们从老子的思想中,汲取人生经营的智慧,深入浅出,分30个子题分别阐述,把老子的智慧与现代生活相互结合,有较强的现实意义,希望能够散布几点星光,照亮人生的天空,同时滋润、抚慰当代年轻人彷徨、焦虑的心灵。

目　录

老子是谁／1

老子的理想国／6

老子有三宝／10

自然就是美／15

年轻人要务实从容／20

简化才能美化／25

保持婴儿的纯真／30

金玉满堂　莫之能守／35

知止是人生最高的智慧／40

知足是人生最大的财富／45

燕处超然／50

找回迷失的心灵／55

远离诱惑　追求幸福／60

谦让是美德／65

谦受益　满招损／70

以柔克刚／75

退一步海阔天空 / 80
给生命一点留白 / 85
利他的人有福 / 90
学习要有空杯心态 / 95
老子的知与行 / 100
千里之行始于足下 / 105
知命而不认命 / 110
在静候中看见成功的机会 / 115
挫折也是转折 / 120
大处着眼　小处着手 / 125
战胜自己才是强者 / 129
物壮则老 / 134
诚信是做人的根本 / 139
说话是一门艺术 / 144

老子是谁

有一个中学生考完试回家，他父亲问："今天考得怎么样？"孩子回答："考得还不错，不过，有一道题不会。"父亲问："哪一道题？"孩子回答："老子是谁？我不知道。"父亲很生气地说："老子就是我，我就是你老子！你怎么会不知道我是谁？"当然，这是一则笑话。老师问的老子，不是孩子的爸爸，而是春秋时期道家的代表人物。

老子是位神秘的智者

老子是谁？老子是位神秘的智者。关于老子的生平，是个难解的谜题，因为老子在世的时候，以隐士自居，不求闻达。关于老子的生平资料，以汉朝司马迁的《史记》最早，而且最为翔实。根据《史记》记载，老子是楚国苦县厉乡曲仁里（今河南省鹿邑县）人。老子姓李，名耳，字伯阳，是周朝守藏室之史（相当于现在的国家图书馆馆长）。

司马迁说：老子活了一百六十余岁。另有一说是活了两百多岁。由此，我们可以知道，老子是位智慧长者，很有学问，而且有丰富的人生阅历。关于老子的生平，最为后人议论不休的，是老子姓李还是姓老。主张老子姓李的，当然是根据《史记》；而主张姓老的，则认为古籍之中，春秋时代并没有李姓，直到战国时代，才有李悝、李克、李牧，但《左传》有老佐、老祈，《史记》有老莱子，而先秦诸子都以姓称，如孔子、墨子、孟子、庄子、荀子、老子等。老子既然称老子，不称李子，可见应该姓老。不过，根据《史记·老子韩非列传》："世之学老子者则绌儒学，儒学亦绌老子。"儒学与老子并称，"老子"一词并不是指李耳一人，而是以李耳为代表的道家学派，所以最早被称为"老子"的老子，是李耳。后人也有把老莱子、太史儋称为老子的，因为他们都提倡道家思想，而且都是修道长寿之人。

老子像是神龙

老子因为看到周朝王室的衰乱，失望之余，出关离去，出关前应关令尹喜的请求写了《道德经》五千言，不知所终，像神龙一般，见首不见尾。司马迁说孔子曾经向老子问礼，老子告诫孔子不能有骄气、多欲、态色、淫志。孔子听了之后，非常推崇老子，对学生们说："今天见了老子，他的学问高深莫测，真像是乘风云而上天的神龙一样。"

老子《道德经》一书，一共八十一章，上篇《道经》为第一章至第三十七章，下篇《德经》为第三十八章至第八十一章。这八十一章中，谈及道字的有三十六章，其他各章虽然没有出现"道"字，但所谈论的内容，也多与道有关。老子最核心的思想，就是道。道，从辵首，本意是道路，如人行道、快车道、慢车道等，引申为人生所应行之路；道的另一层意义是道理、方法、德行，如头头是道、生财之道、大逆不道，引申为人生所应循之理。人生在世，数十寒暑，人应该如何做人，如何生活，这些问题都与"道"有关。人生如戏，人为万物之一，人如何与天地相处？如何与别人相处？答案是"循道而行"，就像玩游戏时，要遵守游戏规则，家有家规，国有国法，不可逾越。

道是老子思想的核心

老子所说的"道"，有时是指宇宙的本体、生命的本源，有时则是指自然的法则，或是人生的理想，含义非常丰富。我们要体悟老子思想的精髓，必先了解老子对道的阐释。道是宇宙生命的本源，天地万物都由道而生。而道是一种抽象的存在，看不到、听不到、摸不到，它并不是一个实体，它在天地存在以前就已经存在。道的存在，是浑然天成的，没有颜色、没有声音、没有形体。道的存在，是若有若无，如果说有，我们却看不见、听不到、摸不着；如果说无，则宇宙的本体，天地万物生命的来源，我们却无从找到依据。道是恍惚不定的存在，道是在恍惚不定的状态中创生万物的本源。

老子认为宇宙万物创生的过程，是"道生一，一生二，二生三，三生万物"。道体虚无，"无"是道的体，"有"是道的用。道的本体虚无，而道的作用是无穷无尽的。从"无"的观点来看，道体精微奥妙；从"有"的观点来看，道用广大无边。因为道只是抽象的存在，所以可称为"无"，但是道能创生万物，所以又可称为"有"。道兼具"无"和"有"两个层面的含义。从宇宙万物创生的过程来说，是"无"先于"有"。道的本体虚无，所以不可见、不可闻、不可摸；道的作用无穷无尽，所以能够创生万物、绵延不息，就像扇火的风箱和打气的气筒，中间廓然空虚，却能起到扇火、打气的作用。

道是混沌的状态，化生为天地的元气，即所谓"道生一"；由天地的元气，衍生为阴阳二气，即所谓"一生二"；阴阳两气交合而成和气，即所谓"二生三"；和气既生，阴阳二气不断交合、创生，便形成了万物，即所谓"三生万物"。万物的生成变化，是在于阴阳二气的盈虚、聚散，循环反复。老子说："万物负阴而抱阳，冲气以为和。"就是这个道理。

道的运行循环反复

道因为能产生无穷无尽的作用，所以才能创生天地万物。道的运行是循环反复、相生相成的。天下的事物，每每产生相对的现象。以人的生理组织来说，有奇有偶，奇偶相配。人的身躯是奇，而二手、二足是偶；手、足各有五指，是奇，而二手、二足之指各合而为十，则是偶。头是奇，两耳、两眼是偶；一鼻、一口是奇，两个鼻孔、两排牙齿又是偶。人的生理组织，不只是奇偶相配，而且是奇中有偶，偶中有奇。自然界一切动植物，也都是这样，真是神奇。

阅读省思：

1. 你对老子有哪些认识呢？
2. 你是如何理解道的呢？

老子的理想国

老子所处的时代是春秋末年，政治衰乱，社会组织和经济制度都发生剧变，许多人纷纷逃避、隐居。《论语》中的楚狂接舆、长沮、桀溺，都是避世之士。老子在周朝住了很久，看见周朝逐渐衰败，就出关隐居，不知所终。在《道德经》的五千言中，老子讲述他的人生理想，是要住在一个很小的国家里，百姓很少，没有战争，没有苛政，百姓的生活极为简朴，安居乐业，"邻国相望，鸡犬之声相闻，民至老死不相往来"。快乐只是一种心境，并不是有了很富裕的物质生活，很奢侈的现代享受，人们才能得到快乐与幸福。

老子的人生理想是过自然俭朴的生活

老子的人生理想，是过自然简朴的生活，也就是清静无为的生活。老子认为，道是天地万物创生的本源，"道常无为而无不为"，自然界之所以能够维持和谐、平衡的秩序，是因为天地对万物采取自由放任、无为而为的态度，如果天地对于万物有太多的作为，天下必将大乱，秩序必然失调。天地能够顺应万物的本性，所以看似无为，实际是无不为。所以，老子所谓的无为，并不是不要作为，而是不要刻意作为。自然无为，并不是毫不作为，只是不刻意作为。

老子的理想世界是个和平自由的世界

老子的理想世界，是个和平自由的世界，没有动乱，没有纷争，没有虚伪，没有诈骗，没有盗贼，没有寇仇，人人"甘其食，美其服，安其居，乐其俗"，无忧无虑，快乐自足。

"小国寡民"的社会，是老子描绘的人生愿景。老子的政治理想，也是主张人君治理国家，要能够处无为之事，行不言之教，让百姓过上自由自在、无拘无束、和平安定的生活。因此，老子说："治大国若烹小鲜。"烹煮小鱼，不能常常翻动，如果常常翻动，烹煮的小鱼容易破碎。施政的原理也是如此，治国之道，贵在清静无为，不要有繁苛的政令，以免打扰百姓的生活。如果政令太过繁苛，百姓不堪其扰，国家就会出现混乱。在上位的人，政令繁苛扰民，赋税又太多，妄作乱为，百姓无所适从，必然以死来反抗。

老子认为，人君施政最高明的手段，应是以无为的方法达到自化的目的。因此,老子反对智巧,"以智治国,国之贼;不以智治国,国之福"。在上位的人提倡智巧,社会上就会兴起虚伪诡诈的风气,乱事迭出,不是国家之福、人民之福。

老子曾说:"智慧出,有大伪。"又说:"为学日益,为道日损。"表面上看老子是位反智主义者,其实,老子是位有大智慧的人。他是一位智者,他看到天下的动乱是起于争求,人生的痛苦源于欲望太多。老子反对智巧,并不是要愚民,而是主张在上位者不要倡导奇巧,追求私欲,这样才能使百姓过上纯朴自然的生活,享受真正的幸福与快乐。

上古时候,百姓诚实淳朴,不识不知,根本没有虚伪欺诈;到了中古时候,"民情日凿",民事日繁,于是治理天下的人就运用智慧,创设法令来治理百姓,结果智慧一出,虚伪欺诈随之而来。在大道普行的时候,家家出孝子,人人讲忠信,根本不必强调仁义道德,百姓的行为就已经符合仁义道德。等到大道废弃,民风不纯的时候,才需要提倡仁义道德。所谓孝慈、忠义,是六亲不和、国家昏乱之后才被提出来的。老子主张"绝圣弃智""绝仁弃义""绝巧弃利",是为了"民利百倍""民复孝慈""盗贼无有"。老子希望施政者能够使政治回到上古大道普行的时代,不谈仁义,民风自然纯朴;不倡智慧,虚伪诡诈不生。施政者越多的作为，越会干扰百姓自由自得的生活。

老子理想国的当代启示

　　老子的人生理想，以今天而论，是个遥不可及的梦想，时代已经发展到21世纪，我们不可能再回到先民的社会，过自然原始的生活。不过，老子所追求的和平、自由的世界，纯朴、自然的生活，依然是大家梦寐以求的目标。尤其在这个竞争激烈的时代，人人心存危惧疑虑，没有安全感，再加上生活紧张繁忙，工作压力十分沉重，更期盼真有个老子所描绘的理想国。

　　客观的环境，不容许我们回到从前的岁月，但是我们可以自我要求主观的心态。只要我们愿意，只要我们努力，追求内心平和安定、愉悦自足，并不是遥不可及的梦想。只要我们拥有一颗单纯的心灵，过着简朴的生活，顺应自然的变化，不要有太多的欲望，一样可以过上幸福、快乐的生活。

阅读省思：

1. 你心目中的理想国是什么样的呢？
2. 你能要求自己过简单、朴实、自然的生活吗？

老子有三宝

老子说:"我有三宝,持而保之。一曰慈,二曰俭,三曰不敢为天下先。"慈、俭、不敢为天下先,对个人修养有着重要作用,老子说:"慈,故能勇;俭,故能广;不敢为天下先,故能成器长。"这三件事是老子修身处世的法宝,也是我们现代人应该要学习的修养。

慈爱是人类最珍贵的品质

所谓"慈",就是仁爱、和善,也就是告诉世人要有爱心、同情心、悲悯心。有了慈爱心,看到任何危险的事情,都能表现出无比的勇气。爱是人类最珍贵的品质,因为有爱,所以有夫妇、父子、兄弟、姊妹等伦理关系;因为有爱,所以对国家、社会、朋友,甚至不认识的人,才会有无怨无悔的付出与奉献。我们对行动不方便的人、对生活贫困的人、对孤独无助的人,都会有一份悲悯慈爱的心,都愿意伸出援助之手救助他们,这是人性的光辉。

"慈爱"一词，一般指母亲的爱，母亲生育子女，不论小孩是美是丑，是健康是有缺陷，都是完全接受，都是全心全意疼惜。"为女则弱，为母则强。"女子生性娇弱，但是当了母亲之后，为了呵护、养育儿女，却能展现出无比的勇气和坚强的意志，甚至可以奋不顾身地保护儿女的安危。

俭是俭约不浪费

俭，是俭约，不只是物质上不要浪费钱财与物品，精神上也不能轻易耗费精力与神气。俭约不浪费，就能把万物的作用推广到极限。

陈树菊是台湾台东乡下市场卖菜的小贩，她平日省吃俭用，把赚到的钱，五元、十元的省下来，然后一百万元、一百万元无私地捐献出去，救助贫困儿童，捐献图书馆，数十年如一日，所捐金额高达千万元以上，成为社会慈善的典范，荣获美国《时代》周刊2010年最具影响力的百大人物之一，并获得了素有亚洲诺贝尔奖之称的菲律宾"玛格赛赛奖"。

老子说："治人、事天，莫若啬。"啬，就是俭约、爱惜的意思。治理百姓、修养自己，都要能做到俭约、爱惜，不浪费金钱、物品、时间、精力。"小富由俭，大富由天。"一个人开始存钱，就开始有钱，一个人不在乎赚多少，而在乎用多少，支出比收入少则富，支出比收入多则贫。

除了金钱、物品的俭约、不浪费，爱精养神也很重要。黄老养生之道，就是强调如何保养"天真"，即保养天生的真气，从而增进健康，延年益寿。

人君在位治理国家，不要扰乱人民安定的生活，不要有太多的徭役、赋敛。汉代文景之治，让老百姓得到充分的休息，才有后来汉武帝的辉煌大业，并奠定了后世长治久安的基础。

不争则无人与之争

不敢为天下先，就是要谦让、不争，古代帝王以孤、寡、不谷自称，即自处卑下的意思。

不敢居于天下先的人，反而能够成为众人的领袖。因为一个不与人争的人，就没有人与他争。老子强调："强大处下，柔弱处上。"个性倔强的人，逞强斗狠，一定不能平服大众的心。相反，个性柔和的人，处事圆融，才能成为真正的领袖人才。

老子主张不敢为天下先,是因为"道"的运行,循环反复,变化无常,而有一种永恒不变的法则:一切强大的都要被淘汰、被摧毁,那些柔弱的反而能留存、出头。争强好胜的人,最终都是失败者,而示虚、守柔、处下的人,最后则是胜利者。

老子说:"将欲废之,必固兴之;将欲取之,必固与之。"《三国演义》中的诸葛亮,深谙个中三昧,草船借箭、七擒孟获、空城计,都是十分精彩的事迹。老子不敢为天下先的主张,其实是为了能为天下先。

楚国的史书说:"楚国无以为宝,惟善以为宝。"晋国舅犯告诉公子重耳说:"流亡国外的人,无以为宝,以仁亲为宝。"可见不管是国家还是个人,都应该有一套立国之道、立身之道,以之为治国、修养的准绳。以善为宝、以仁亲为宝,是儒家思想的代表,而老子是以慈、俭、不敢为天下先为宝。儒家思想强调主动积极、舍我其谁、当仁不让,而道家思想则是提倡被动消极、以退为进、自然无为。二者各有千秋,难分轩轾,手段虽然不同,但目标是一致的,都是为了平治天下,增进人民生活幸福,探索个人安身立命之道。

老子说:"今舍慈且勇,舍俭且广,舍后且先,死矣!"如果舍弃慈爱而求取勇敢，舍弃俭约而力求奢靡，舍弃退让而争求领先，结果必然是自取灭亡。为什么呢？因为没有慈爱的心，只逞匹夫之勇，是鲁莽的行为；不懂得俭约，穷奢极欲，就不能积财为德；处处想要出风头、争第一，一定会招来祸患。

总之，老子提出的慈悲、俭朴、不争"三宝"，可以说是一个人立身处世非常重要的原理、原则。

阅读省思：

1. 你的座右铭是什么呢？
2. 在与人交往过程中，你有争强好胜的习惯吗？

自然就是美

老子说:"人法地,地法天,天法道,道法自然。"人以地为法则,地以天为法则,天以道为法则,道以自然为法则。此处所讲的自然,并不是我们一般所说的自然界,而是指"道"的本体。

老子的思想是以道为核心

老子的思想是以道为核心。什么是道?老子所说的道,并不是一个实体,它既是宇宙生命的本源,又是万事万物遵循的规律,在宇宙万物还没有创生以前就已经存在,而道的存在是若隐若现、若有若有的。道的超越性,在于它不随着万物的变化而变化,不受时间的限制,也不受空间的限制,自古长存,无处不在,它是万物的起源,众妙之门。

"人法地。"俗话说:"靠山吃山,靠海吃海。"人活在天地之间,要呼吸新鲜空气,享用自然阳光,饮用无尽的水源,还要靠地面上生长的动植物来维持生命。人取法于地的意思，是人要靠大地提供的生存条件来生活，人如果违背自然的生态，也很难生存。

"地法天。"天道酬勤，所有地面上生长的东西，都要配合四季的运行、昼夜的变化。天指天时，风调雨顺，才能五谷丰登，使万物得到滋养。"地法天"的意思，是说地面上生长的万物，都要遵守天时的运行和天候的变化。

"天法道。"天为什么要法道？因为道是天地万物的本源，道是无所不在，无所不包，不断变化的。天地是由道化生出来的，自然需要以道为准则，配合道的运行而运行。

"道法自然。"道是自生的，在天地存在以前就已经存在。道的运行是自然而然的，不是刻意的作为。道创生万物、化育万物，是无为而为，都是最符合自然法则的。老子的思想，以道为核心，而其精神则在强调自然，老子的哲学就是自然的哲学。

人要遵从自然的法则

老子说："道大，天大，地大，人亦大。域中有四大，而人居其一焉。"道创生天地万物，所以道大是可以理解的，天地的广阔，也是我们所熟知的，但是，人为什么也很大呢？人有什么大的呢？《荀子·王制》："水火有气而无生，草木有生而无知，禽兽有知而无义，人有气、有生、有知，且有义，故最为贵。"荀子是儒家的学者，所以从"义"立论。其实人之所以伟大，是因为人有智慧，能够分辨是非、善恶，人有思考的能力，懂得创造发明。人有智慧、能思考，所以能够循道而行，顺应自然，甚至能够化腐朽为神奇，改造世界，提高生活品质，丰富生命内涵。人类懂得制造和使用工具之后，就开始脱离野蛮，走向文明。

道的法则，就是自然。飘风所以不终朝，骤雨所以不终日，因为飘风、骤雨是天地的反常现象，而不是正常的现象，不是正常的现象，便无法长久。天地万物无不如此，顺天则存，逆天则亡，凡是违背自然法则的，就一定不能长久存在。人虽然是"四大"之一，但也要遵从自然的法则。

每个人都是独立存在的个体，全世界没有两个人长相完全一样，个性完全一样，生活习惯完全一样，每个人都是独一无二的。适合自己的生活，才是最好的生活，很多人盲目追求时尚、赶流行，唯恐跟不上时代的潮流，别人有的，不管自己需不需要，一定也要有，迷失、迷惘、迷惑，张皇失措，十分痛苦。

自然就是美。老子是一位"美"的追求者，老子的道，强调自然的美；老子的道，追求人生的美；老子的道，表现生活的美。

老子的思想，以自然之道为基础，他的人生哲学、政治哲学，都是以自然之道为准则。自然之道，圆满周全，人只要效法天道就可以了。"道法自然"，是道以自然为法则，并不是在道之上，另外有一个叫"自然"的东西，为道所效法。

天道的运行，大公无私，功成不居。因为它不自私，所以能天长地久，永恒无穷；因为它不争，所以万物之中没有谁能与它相争。

人要追求自然之美

美的特质是自由与无限，老子的道，则同时具备了"自由"和"无限"两个特质。道的本体，精致玄妙，道的作用，广大无限，在一动一静之间，蕴含着无限发展的可能。道创生万物，但"生而不有，为而不恃，功成而弗居"。这正是道的伟大之处。

老子崇尚自然，追求自然之美，人要法天而行，以自然合于自然，清静无为、物我两忘。治理国家最高明的手段，是让人民各顺其性，各安其生。最好的养生之道，也是顺其自然，不要勉强、逞强。"好逞易穷"，不合常规的事，都不能持久。道创生万物，是自然而然的，而成就一番事业的人，也是与自然结合为一，天人合一，物我两忘。

人生无处不美，要有一颗追求美的心。人生的美不只是物质的享受，更重要的是心灵的和谐、安定与富足。美丽人生人人都有资格享受，只要有一颗顺应自然的心，凡事不强求，随缘自在，处处都是人间净土。追求幸福与快乐，不必舍近求远，学好老子的自然哲学就可以了。

阅读省思：

1. 老子思想的核心是什么呢？
2. 你经常到郊外踏青，亲近自然吗？

年轻人要务实从容

老子说："企者不立，跨者不行。"踮着脚跟想要站高一点，却站不稳；大步向前行，却走不远。老子这两句话很有启发性。很多人好高骛远，做人做事不肯脚踏实地，只想抄近路，占便宜，结果是欲速则不达。另外，有些人性子急切，凡事都想急于求成，自以为很聪明，最后反而会弄巧成拙。

年轻人要脚踏实地

随着科技的发展，很多大企业纷纷兴起，小公司、小商店慢慢没有生存的空间，这是以大吃小；信息技术的发展，缩短了时空的距离，在这瞬息万变的时代，大家讲求速度、效率，效率低下的企业经营更加困难，这就是以快吃慢，谁先推出新的产品，谁就能赢得成功的契机。

在今天这样紧张忙碌的社会，很多人都紧绷着神经，整天战战兢兢，忙忙碌碌，生怕会因为跟不上时代的进步而被淘汰出局。于是就有人投机取巧，想要走捷径，抄袭、剽窃别人的产品，侵犯别人的知识产权。这种违法乱纪的行径，可以得逞于一时，不能得逞于一世，他们所取得的不义之财，暴起暴落，来得急，去得也快，是无法持久拥有的。只有脚踏实地，一步一个脚印，诚信经营，做好新产品的研发工作，才是永续经营之道。

一个人想要成就一番事业，必须务实、踏实，实实在在地做人做事。"路遥知马力，日久见人心。"踮起脚跟，就以为自己长高了，这是在蒙骗自己，一个人有多高，不会因为踮起脚跟就不一样。要活得自在，就要活得实在。

自欺欺人，只能欺骗一时，不能欺骗一世。吹牛、夸大，迟早都会被人识破。只有真实的人才能活得欢愉自在。我们必须真诚地面对生活。人生有梦最美，但是人生不能只是做梦，路在远方，脚在眼前，我们可以遥望星空，更要脚踏实地。

有些人眼高手低，眼中只看大钱，不看小钱，殊不知没有一块钱就没有十块钱，老子说"千里之行，始于足下"，是很有道理的，我们不可能一步登天，罗马不是一天建成的。佛经中有个故事，一个有钱的商人到他朋友家玩，看见他朋友家的三层小楼富丽堂皇，格局优美，回家之后，就让工匠给他盖一个同样的房子。工匠从地基做起，他却问工匠为什么不直接盖第三层。这显然只是个笑话，没有一楼的楼板，怎么会有二楼、三楼的房子呢？否则就是海市蜃楼、空中楼阁，这只是自然界难以一见的虚像而已。

日有所思，夜有所梦，梦是一种自由的活动，一种精神的解脱，一种生命的理想。打瞌睡只会做梦，拼搏才能圆梦，成功不是靠说，也不是靠想，而是靠做。不是说要成功就能成功，不是说想成功就能成功，要脚踏实地，努力付出才会成功。有付出才有收获，天下没有不劳而获的事，也没有劳而不获的事。人生不是努力了就能得到，但努力过的手不会是空的，老天不会亏待努力的人，努力的人虽然未必都能实现他的理想，但是如果能够吸取失败的教训，就能拉近同成功的距离。

所有的失败，都是通往成功的必经之路。不经一事，不长一智，在努力的过程中，挫败、失败的打击是难免的，不能打败失败，就会被失败打败，每天向成功推进一点，总有一天就能到达终点，最怕的是没有信心与毅力，半途而废。俗话说：一个人的失败，往往是被自己打败。没有天生的赢家，所有成功的人都是踏实、不肯放弃努力的人。

愈艰苦的人生愈精彩

　　风筝逆风时，才能飞得更高，浇花要用冷水而不是用热水。正因为人生多苦难，才能彰显人生的庄严。愈艰苦的人生愈精彩，愈困难的事业愈壮丽。给自己一个必须成功的理由，给自己一个可以成功的信念。人生就像是玩一副牌，我们不能决定拿到什么牌，只能专心打好手里的这副牌。困难像是一条河，游过去，它就在你的身后；挫折像一座山，爬到山顶，它就在你的脚下。每副牌都是新的挑战，这次赢，不代表下次还会赢，这次输，不代表下次还会输。棒球好手王建民，被选入美国职棒大联盟。记者采访他，问他的成功之道，他谦虚地说："我只是努力投出每一个球"。

　　人生充满险滩、暗礁，我们要处处小心，不可轻忽怠慢，更不能狂妄自大，或是虚空浮泛。如果把人生比喻成一场棒球赛，站在打击区，我们不知道老天要投出好球还是坏球，所以要谨慎判断投出来的每一个球，我们不能期待每次出场都是四坏球保送上垒，但很可能一不小心就被三振出局。

人生要淡定从容

急着想要快步走的人，是很难走远的。有些事该急，有些事不该急，该急的不急，不该急的却急如星火，一定会误事。年轻人的特质之一就是急躁，什么事都要求快。在台湾的某些地方，满街的摩托车横冲直撞，不仅是违章开摩托车，简直是在拼命。每天走在路上，听到奔驰而过的摩托车声音，我们心里都会很害怕，担心被撞伤，而看着骑摩托车的人呼啸而过的神态，看似很拉风，很神勇，但实际上很危险。年轻人充满活力，爱好新鲜，赶时髦，追流行，这是可以理解的，但很多事情是万万不可着急的。

阅读省思：

1. 你做事很有条理吗？
2. 你做事很务实吗？

简化才能美化

美的人生是人人所企盼的,那么什么是美的人生呢?简单地说,就是生活中的一切都能顺心如意,心想事成,有好吃的、有好穿的、有好住的、有好玩的,想怎么样就怎么样,就能令人直呼:人生美好。古人造字,美,从羊、大,一只大肥羊不只肉质甜美,而且可以制衣御寒,对于北方的游牧民族来说,羊是高价值的经济动物。事实上,羊在中国传统社会有着特殊意义。捕猎得羊,是吉祥美善的象征;祭祀时用肥羊当供品,也是吉祥美善的象征。从"美"这个字的造字原理,可见中国人的审美意识及对美的看法,是从生活经验出发,以日常所见、所触、所食、所穿的羊,表现最原始、最基本的美感经验,从而创造出"美"字,然后以此经验为基础,一切能给人带来愉快、满足、美好等感觉的意象,都称为美。

简单的人生更美好

如何求得美好的人生呢？每个人的条件不同、能力不同，因而人生也会不同。能力不同，不是每一个人都能住豪宅、开名车，过锦衣玉食的生活；住豪宅、开名车，过锦衣玉食的生活，也未必是每个人心中的理想，因为大家都知道天下没有白吃的午餐，这些奢华的物质享受是不会从天上凭空掉下来的。

当然，更多的人是苦怕了，不想再过艰难的生活，不愿每天担心没的吃、没的穿，入不敷出，捉襟见肘，不愿每天为金钱而奔波劳累。

人生的烦恼与痛苦，往往是因为想太多、贪太多。时代愈进步，各种诱惑就愈多，许多人经受不住生活的诱惑，就会迷失在五光十色的漩涡当中。我们都希望求福而避祸，但是在求福避祸的过程中，因为有太多的欲望不能逐一满足，在美恶的判断、去取的选择之间，就会不知不觉产生很多的困惑、很多的烦恼、很多的痛苦。人生的烦恼，常常是来自过多的选择。因此，本来是要求福避祸，结果却是得祸远福，欲望的追求，并没有给人带来幸福。

老子说："五色令人目盲，五音令人耳聋，五味令人口爽，驰骋畋猎令人心发狂,难得之货令人行妨。"一个人如果沉迷于声色犬马,最终必然会弄得目盲、耳聋、口爽、心发狂。所以老子又说:"不贵难得之货",因为"甚爱必大费"。

简单的生活最幸福

人的生存需求,本来就非常简单,只要少量的食物,人就能存活下去;满桌的酒席是一顿饭,几碟小菜和一碗清粥也是一顿饭,过量的饮食,对人的健康不但没有好处,反而是一种伤害。记得以前读书的时候,整天一套制服,从来不必为穿衣服的事情伤脑筋,现在满橱柜的衣物,每天出门应酬,总为穿哪一套西装、系哪一条领带而烦恼。再多的衣服,一天也只能穿一套,再大的房子,每天躺下来睡觉,也只要几平方的地方而已。

人生值得追求的事有很多很多,也许有人一生只想吃好一点、穿好一点、住好一点,但是我们的一生不能只追求吃好、穿好、住好,人生有太多值得追求的事,饮食起居只是生活的一部分。

老子主张简化生活,"圣人为腹不为目,故去彼取此"。圣人的生活,但求饱腹,不求享受,宁取质朴宁静,不取奢侈浮华。

因为追求奢侈浮华的生活，会使我们失去生命的价值和努力的目标。我们的生命是有限的，我们的体力是有限的，我们的财富是有限的，可是人的欲望是无止尽的。一位长者曾经告诫我："一个人如果逐名求利之心不绝，就会烦恼痛苦不断。"

现在有愈来愈多的富贵病，都是因为生活太富裕。每天暴饮暴食，高油脂、高蛋白、高盐、高糖的食品，极易引发高血糖、高血压、痛风等疾病。工作上紧张忙碌，生活中作息不规律，失眠、焦虑、忧郁等等不良的情绪，则是造成精神衰弱的主因。

对于所有人来说，生活简单就是幸福。简单的饮食，让我们的身体不会有太多的负担；简单的思维，让我们的心理不会有太多的负担；简单的感情，让我们的生命不会有太多的负担。

生活本来可以很简单，只是我们把它复杂化了。在一段时间内专心做好一件事，就可以从容不迫，悠游自在；相反，如果在一段时间内想同时做好几件事，就会使自己很紧张、很忙乱、很焦虑、很烦躁。生活原本不必这么痛苦，不要跟自己过不去。

生活越简单，生活越美满，简单是幸福的根源。人最该学习的是如何爱自己，快乐来自简单的生活，因为要求不多，所以很容易满足，复杂的生活，是一切烦恼的主因。生活太复杂，就会造成生理上与心理上的疲惫、劳苦，给自己带来沉重的压力。一个人对外物依赖越少，就越能领略人生之美。

简单的生活最快乐

简化才能美化，抗拒诱惑最好的方法是不要去接近它。老子说的"不见可欲，使民心不乱"，就是这个道理。欲望是人的本性，人如果没有欲望，就会失去奋斗的意义，欲望是不能也不应该断绝的。老子主张简化生活，"见素抱朴""少思寡欲"，是要减少对欲望的过分追求，从而减少欲望对心灵的污染。

举目所见，有太多外在的污染，如水质污染、空气污染、食品污染、公共环境污染……严重影响着我们身体的健康。另外，心灵的污染，如暴力、色情，以及来自内心的杂念、妄念，也会造成心理的痛苦。保持简单而纯粹的生活状态，才能获得幸福的人生。

阅读省思：

1. 你在工作中会感到紧张烦躁吗？
2. 你喜欢过简单而充实的生活吗？

保持婴儿的纯真

初生的婴儿,连笑都不会,肌肤柔软细腻,心灵纯洁无瑕,最为天真无邪。老子常以天真无邪的婴儿与含德至厚的圣人相比,因为婴儿不识无知,柔弱冲和,纯任自然,至德之人也是无欲无为,绝巧弃利,顺天而行。老子说:"含德之厚,比于赤子。毒虫不螫,猛兽不据,攫鸟不搏。骨弱筋柔而握固,未知牝牡之合而朘作,精之至也;终日号而不嗄,和之至也。"因为婴儿纯任天真,无知无欲,合于自然,婴儿对毒虫、猛兽、凶鸟,不知道害怕,所以毒虫、猛兽、凶鸟不会吓到婴儿,也不会伤到婴儿。

婴儿筋骨是很柔弱的,我们抱着婴儿都会非常小心,就怕伤了婴儿,婴儿的小拳头常常握得很紧,这是自然的本能;婴儿整天哭嚎而嗓子不会沙哑,也是因为和气纯厚,婴儿的哭是自然的生理运动。

婴儿精气充足,和气纯厚,虽然无识无知,而能顺应自然,就像善于养护生命的人，在野外行走，不会受到禽兽的攻击，在军中打仗，不会遇到兵刃的杀伤。因为合于天道，便不会进入致死的境地。

《皇帝的新装》的省思

《皇帝的新装》是安徒生一个很有名的童话故事：从前有一个皇帝很爱穿新的衣服，一天到晚叫皇宫里的裁缝帮他做不同式样的衣服。后来他的新衣服愈来愈多，他也愈来愈挑剔，皇宫里所有裁缝给他做的新衣服他都不满意，便贴出告示，如果有人能做出让皇帝喜欢的新衣服，就可以得到重赏。全国各地的裁缝纷纷尝试制作能让皇帝喜欢的衣服，但是都没有成功。最后有两个人说他们可以制作一套款式新奇的衣服，颜色比花朵鲜艳，质料比云彩轻柔，而且这套神奇的衣服只有聪明的人才看得见。

皇帝听了很高兴，给他们一笔钱去制作这套神奇的衣服。经过了很长时间，这套衣服还没有制作出来。原来这两个人是为了骗得大笔的赏金，编造了这个谎言，其实根本没有什么神奇的衣服，但大臣和城里的老百姓全都怕被说成是不聪明的人，所以当皇帝光着身子骑着马在城里游行的时候，所有人都装作看到了那套美丽的衣服，只有一个小男孩轻轻地说："皇帝，羞！羞！羞！皇帝没有穿衣服。"大人的世界充满谎言、欺骗、虚伪，而小男孩最为诚实，不会说假话。

人心本来都是纯洁、善良的，像一张白纸，受到后天环境的习染，名、利、情、欲的诱惑，才逐渐丧失其本心，开始有了自私、贪婪、欺骗、虚伪、诡诈等种种恶行、恶习。"染之苍则苍，染之黄则黄""近朱者赤，近墨者黑"，俗话说："害人之心不可有，防人之心不可无。"我们往往担心被别人伤害，人与人之间的信任、坦率、爱心，往往由于自我防卫的心理而荡然无存。

小女孩的蜡烛

有一个年轻女子搬到一个新的公寓去住，邻居是一位贫穷的寡妇带着一个小女孩。一个风雨交加的夜晚，忽然停电了，屋里、屋外一片漆黑。没多久，邻居家的小女孩来敲门，说："请问有没有蜡烛？"这位年轻的女子心想，肯定是来借蜡烛的，便顺口说："没有。"女孩接着说："我妈妈就知道你没有蜡烛，叫我送你两根蜡烛。"每件事都有正反两面，有些人能从正面看问题，抱持热情阳光的心态；有些人则从负面看问题，抱持冷漠灰暗的心理。

科技愈进步，人心愈疏远，居住在都市丛林里，左邻右舍，真的是"老死不相往来"。邻居遭小偷盗窃，却被以为在搬家；见面打招呼，被误认为有什么企图。每个人回到家，各忙各的事，各看各的电视节目，各玩各的手机游戏，人与人之间的紧密联系不见了，人们愈来愈自我，愈来愈不会替别人着想。

婴儿可爱的模样，是非常讨人喜欢，吸引目光的。我们看到襁褓中的婴儿，没有不想去亲亲抱抱、呵护照顾的，没有人会欺侮婴儿、伤害婴儿。婴儿天真自然，也不知道会不会受到成年人的欺侮、伤害。婴儿纯真的本性，是人类最珍贵的资产，《圣经》中耶稣曾经说："一个人如果不回转变成小孩的方式，断不能进天国。"只有善人才能进天国，只有像小孩一样天真活泼、纯真可爱，才能进天国。

纯洁、率真，回归自然的本性，是我们每个人必须的课题。人来自自然，又回归自然。洗尽一切，真性自见；一空依傍，万法自得。我们应该顺应万物的本性，不伤生害性，才能各得其生命的自由与快乐。

像婴儿一样柔弱

婴儿的特质除了纯真之外,另外一个方面就是柔弱。老子的人生智慧,告诫我们要像婴儿一样柔弱,而不要逞能、逞强,因为天地万物一到强大盛壮的时候,便开始趋于衰败,而逞强斗狠的人,是没有好下场的。老子说:"强大处下,柔弱处上。"又说:"强梁者不得其死。"在非常复杂的人际关系中,强中自有强中强,我们不要一味地争强好胜。

老子说:"知其雄,守其雌。"雄尊而雌卑,雄刚而雌柔,雄动而雌静,知雄守雌,即知尊守卑,知刚守柔,知动守静。老子守柔的哲学,告诫世人不要争、不要求,好争、好求的人,往往争不到、求不到,即便争到、求到,也很快会失掉,给自己带来痛苦,不争、不求的人,才能得到内心长久的祥和安乐。

阅读省思:

1. 你能像婴儿一样纯真与柔弱吗?
2. 你能和左邻右舍和睦相处吗?

金玉满堂　莫之能守

　　有钱过好日子,是大家梦寐以求的。很多人长期处于贫困的生活中,不能养家活口,子女不能接受良好的教育,这是为人父母者心中最大的痛。在过去,为了脱离贫困的生活,不少人选择背井离乡,远渡重洋,夜以继日,辛苦拼搏,草创基业,经过数十年的艰辛奋斗,终于打下一片江山,可以衣锦还乡,或是在海外继续发展。中国有句老话:"富不过三代。"眼看他起高楼,眼看他宴宾客,眼看他楼塌了。有的是赚了钱、发了财之后,生活变得骄奢淫逸,挥霍无度,吃、喝、嫖、赌,各种不良习性,全都沾染,没多长时间就把家产全都败光;有的则是子孙不肖,生活糜烂,没能守住父祖辛苦营造的家业,真所谓"创业维艰,守成不易"。

留给子女的财富

　　根据美国投资银行 JP 摩根最新研究显示,全球超级富豪八成难守20年。美国股神巴菲特把自己资产400多亿美元的85%，捐给慈善基金会，实在是聪明之举，也令人敬佩。美国人在教育子女方面很有一套，他们很早就训练小孩独立生活，他们认为，多给孩子100万元，就让孩子少了一个赚100万元的机会；人的一生最大的成就，不是来自父母留下的遗产，而是自己努力挣来的财富。

中国人长久以来有一个观念，再苦不要苦了下一代。父母省吃俭用，把好吃、好穿的都先留给子女，孩子不懂事，便以为张口就有饭吃，伸手就有玩具可以玩。孩子要成家，为女儿准备嫁妆，为儿子购买住房，如果没钱也要借钱给子女办一场风风光光的婚礼。我们中国人舍不得孩子吃苦，新的一代都成了"啃老族""草莓族"，经不起风吹、雨淋和日晒，在充满激烈挑战的现代社会，只能束手无策，缺少竞争力、战斗力。

胜败乃兵家常事

老子说："金玉满堂，莫之能守。富贵而骄，自遗其咎。"老子说得很清楚，为什么金玉满堂，莫之能守？因为是富贵而自满骄傲，必然会给自己带来灾祸。古谚："骄兵必败，哀兵必胜。"

不只是军事作战，举凡一切事业，骄奢、骄矜的人，最终一定败亡。宇宙的定律，物极必反。天道循环，周而复始，月盈则亏，否极则泰来。我们每个月从初一盼到十五，终于等到月圆，可是才过了十五，月亮又由圆转缺。

胜败是兵家常事，我们不会一辈子处在胜利的巅峰，也不会一辈子处在失败的深谷。胜不骄、败不馁，是古代圣贤留下来的明训，可是多半的人在成功的时候，不知道持盈保泰，失败的时候，不知道奋发图强，所以很容易由成功转为失败，而很难从失败转为成功。

亚洲影后李菁，16岁就登上影后的宝座，在藏龙卧虎的香港影坛长期占据一姐的位子，在水银灯下，拍出了无数的经典作品，成为众人羡慕的富婆。但是风水轮流转，因为投资失利，又爱赌钱，据说她后来竟然穷得连房租都付不起，从云端豪华富贵的生活，一下子跌落到极为贫困的痛苦日子。

创业艰难，守成不易

"人心不足蛇吞象。"满堂的金玉为什么守不住呢？一是因为贪，二是因为奢。香港巨富李嘉诚先生曾经说："很多企业的失败，都是因为一个'贪'字。"因为野心太大，盲目投资，使得资金调度不灵，企业便容易垮台、破产。做任何事都必须谨慎小心，稳扎稳打，才不会功亏一篑。另外，一个人如果过惯了奢靡豪华的生活，出手千金，再加上不良的嗜好，再多、再大的家产，也经不起无度的挥霍，如果又有败家子，大吃大喝，结交酒肉朋友，狐群狗党，肆无忌惮，就更容易毁于一旦。种一棵树要十年，砍一棵树只要三分钟，创业艰难，守成更不容易。

当然，并不是金玉满堂一定守不住，如果一个人、一个家族，能够不贪、不奢，培养好的习惯，过平实的生活，谦卑和顺，依然可以持盈保泰，长乐久安。反之，则如老子所说，富贵而骄，恃才傲物，必然自取其祸。骄气是人生的大忌，是成功的羁绊。《史记·孔子世家》记载，孔子向老子问礼，老子回答说："君子盛德，容貌若愚。去子之骄气与多欲，态色与淫志，是皆无益于子之身。"老子年长于孔子，老子告诫孔子的这几句话，是每一个想要成功立业的人都要谨守的铭言。

享受快乐人生

人生的富贵、名利是求不完的，一个不知满足的人，再多的财富、再大的官位，也嫌不足。真正的富贵，不是看得见的金银珠宝或者权力地位，而是内心的自得自足。名与利如潮水，潮起潮落，飘忽不定，有人一夜暴富，也有人一夕之间倾家荡产，股票、房地产的投资，涨涨跌跌，不是凡夫俗子所能预测的。

面对满堂的金玉，孔子说："富贵如可求，执鞭之士，吾亦为之；如不可求，从吾所好。"富与贵，不是有求必得的。凡事效法天道，顺其自然，能有条件过富裕的生活，就过富裕的生活，不必装成穷困的样子；没有条件过富裕的生活，也要能安贫乐道，而不是装出有钱人家的样子，打肿脸充胖子。平实的生活是最真实的生活。"生富贵而安富贵，生贫贱而安贫贱。"人迷惑于名利的追求，由来已久。老子说："祸莫大于不知足，咎莫大于欲得。"我们要以一颗平常的心，看待人生的得失，那么，满堂的金玉，有也罢，没有也罢，我们都能欣然自得，享受幸福快乐的人生。

阅读省思：

1. 你能坦然接受目前的生活条件吗？
2. 你羡慕别人的富贵生活吗？

知止是人生最高的智慧

　　追求幸福快乐的生活，是所有人共同的愿望，可是并不是所有人都能心想事成，拥有幸福与快乐的人生。论其原因，主要是因为很多人不知道幸福、快乐的真谛是什么，只是以为享受荣华富贵，才是幸福、快乐的生活。由于科技的发展，文明的进步，现代人比起过去的年代，享有更多的物质资源，衣、食、住、行各方面，都有非常显著的提高，但是物质的丰盛、安适，并不能填补人们内心的空虚无奈，而对功名富贵的无止境追求，更是烦恼与痛苦的根源。

知止的含义

　　"知止"的含义，不只有停止、禁止的意思，也有达到、停留的意思，前者如行人止步，适可而止，后者如"止于至善""维民所止"。谈停止、禁止，是知止的消极意义，提醒世人不要有太多的贪念，凡事要量力而为，适可而止。老子说："祸莫大于不知足,咎莫大于欲得。"说的就是这个意思。知止的积极意义,则是强调止字不是停滞不进,而是保持一颗清明的心,知所进退,该进则进,该退则退。知止才能专注,专注才能看到问题的核心及事情的缓急轻重,也才能讲求工作效率,事半功倍,取得成功。

"知止",第一层的意义,是要知其所止,知道人生是有限的,不能无止境地贪求。第二层意义,是要止其所止,身体力行。"知止"的功夫,不能只是知,贵在能行,知道而且要做到。第三层意思,是止所不止,该止才止,不该止就不止,不是一切的欲望都要禁止。

人生有很多的诱惑,在《圣经》当中,亚当与夏娃因为经不住诱惑,偷食禁果,而被赶出伊甸园。面对人生的种种诱惑,除非是修养很好的人,能够有很强的自制力,否则就很难抗拒诱惑,难免会陷溺于情欲的追求。人为了满足无止境的欲望,疲于奔命,劳心劳力,不惜牺牲健康、生命,牺牲亲情、友情、爱情,甚至带给别人伤害,造成社会问题,这是得不偿失的。

人天生就有情欲,情欲是人性的本能,凡事过犹不及,纵欲固然不对,禁欲也是不对的,我们应当节欲、寡欲,追求适度的欲望。何况人的情欲，有好的情欲，有不好的情欲，好的情欲，不仅不要禁止，还要鼓励，譬如人的善心、爱心，当然要努力提倡、发扬。

知足不辱，知止不殆

老子说："知足不辱，知止不殆。"知止的含义，顾名思义，就是一个人要有自知之明，知道自己有什么，没有什么；要什么，不要什么；该要什么，不该要什么。一味盲目追求，不知道自制，就会跌得鼻青脸肿，伤痕累累。知止是净化心灵、提高人生境界的一门重要学问，知止这门学问，主要在探讨生命的意义与价值，人生在世，辛苦一辈子，到底所求为何，目的在哪里，生命不只是一种存在，生命应该追求意义与价值。

精神生活与物质生活，是人类生活的两大主体，一个人的生命要想丰富多彩，充实的物质生活固然十分重要，但精神生活更为重要。幸福、快乐之道，如果只是建立在对物欲的追求上，往往适得其反，因为人从物质上得到的满足，只是一时的、短暂的，人在物质上的追求，是永无止境的，经由不断的刺激，最终会愈演愈烈，以致执迷忘返。人无法从物质方面解决所有的人生问题，真正的幸福、快乐，是来自内心的自得自足，以及对自我价值的肯定。

知止才能掌握人生方向

《大学》中说:"知止而后有定。"定不是不动,而是不妄动、不乱动。止学的修养,并不是叫人万念俱灰,心如死灰,而是鼓励人要心志专一,有定力,不要见异思迁,半途而废。因为,知止才能掌握人生方向,知止才能体认生命价值,知止才能追求生活品质,知止才能求得身心安顿,知止才能拥有自由心灵,知止才能享受快乐自在,知止才能欣赏人生美景。

老子说:"知止,所以不殆。"为什么知道适可而止,就不会有危险的事呢?因为一个人如果过分地贪恋名利,盲目地追逐求取,往往未得其名,先得其辱;未获其利,先受其害。此外,祸福是相倚相伏的,即使勉强求得功名富贵,也会因此而付出很大的代价。

人心的陷溺,往往因为不知足、不知止,尤其是对物欲的追求,如果不知足、不知止,就会越陷越深。这样不只会害了自己,也会累及亲人,甚至伤及无辜。宇宙间的万事万物,都不是静止不动的,循环反复是宇宙不灭的定律,所谓的得失、祸福、有无、利害,都是相对的,而不是绝对的。老子告诫我们,凡事要顺其自然,适可而止,不要刻意求取。人生之所以有祸咎,不是因为做该做的事,而是做了不该做的事。追求合理的、正常的欲望,是不会有祸咎的,但追求不合理、不正常的欲望,就容易带来祸咎。

阅读省思:

1. 你常会有些不合理的欲望吗?
2. 你能够克制一些不该有的欲望吗?

知足是人生最大的财富

知足是人生最大的财富,一个不知足的人,贪得无厌,往往自取祸咎。就像一个不知止的人,冲过了头,就会头破血流,酿成生命的危险。老子说:"祸莫大于不知足,咎莫大于欲得。"不知足是痛苦的根源,也是灾祸的根源。

人的欲望很难满足

人的欲望是很难满足的,走路的人希望有车代步,有小车子的人希望有更威风的大车子,有国产车的人希望有更神气的进口车;租房住的人希望拥有自己的房子,住小房子的人希望换个大房子,挤在城市公寓的人希望搬到郊外的小别墅……人生有种种的欲望,很难全都满足,刚满足了一个欲望,又会滋生出新的欲望,新的欲望如果不能满足,便又有了新的痛苦。人的一生,数十寒暑而已,很多人一辈子就在汲汲营营、劳劳碌碌之中度过。在漫漫的人生大道上,原本有许多的美景,许多人因为行色匆匆，全都来不及一一品味欣赏，实在很可惜。人生不应只追求物质的享受，生存的意义、生命的价值，其实还有很多更高尚的目标。

人生的欲望永远没有满足的时候，尤其在今天科技非常发达的时代，各种新奇美观、典雅时尚的产品，日新月异，千变万化；流行的服饰、精致的日用品，美不胜收，令人目不暇接。一个人如果不能节制，过度地贪图享受，必然会拼命地追逐索取，不达目的，绝不终止，甚至为了达到目的，不择手段，作奸犯科，违法乱纪，以致害己害人，不只给自己带来灾难，也给亲友，甚至社会、国家带来严重的问题。

知足的意义

老子说："甚爱必大费，多藏必厚亡。"愈为珍爱的东西，所要付出的代价愈高；收藏的财物愈多，所损失的东西也愈多。天下事一得一失，没有不劳而获的事。为了赢得名声、财货，而失掉信誉、健康、家庭，甚至是生命，是得不偿失的。古今中外因为位高权重，坐拥金山银山，而惹来杀身之祸的例子，屡见不鲜。老子说："乐与饵，过客止。"乐，指的是悦耳的音乐；饵，指的是可口的美味。音乐和美味都能引起过路的人止步，又何况是金银珠宝呢？

知足的意义，不全在物质方面，一个人对自己的健康、家庭、美貌、智慧的肯定，也很重要。天生厚德，一棵草，一点露，天生我材必有用。上苍是很公平的，不会把所有的好处都集中在一个人身上，也不会把所有的坏处都集中在另一个人身上。尽管有的人相貌不美、有的人才干平庸、有的人健康不良，但是老天给人关上一道门的时候，总会替人打开一扇窗。尺有所短，寸有所长，各有各的优点和缺点，我们不能因为某一方面比别人强而骄傲，也不必为某一方面比别人弱而自卑。人生最重要的，是要能清醒地认识自己，肯定自己，知足常乐。一个不知足的人，即使拥有比别人多的优点，也依然是个不快乐的人；相反，一个知足的人，即使有许多缺陷和遗憾，也会对生命充满信心，享受快乐的生活。

老子说："知足者富。"有钱不是福，知足才是福。有钱的人如果不知足，那还不如一个知足的穷人。何谓富？无取于人就是富，我们不必伸手向别人乞怜，就是富者。富是有余的意思，银行里的存款，如果用不到，存款一万元与存款一百万元，只是少两个零与多两个零的区别而已。一个人住两千万元的房子,银行贷款五百万元,另一个住六百万元的房子,银行存款两百万元,到底谁是真正的有钱人呢?

自得自足的人最富有

有钱的人不是真正的富者,真正的富者,是自得自足的人。有钱的人可以享受奢华的物质生活,但是有钱的人不一定懂得高雅的生活品位,钱可以买到珍贵的珠宝,却买不到青春、健康与爱情。拥有未必享有,享有不必拥有。拥有财富,未必有时间、有体力享有财富;享受青山绿水,不必拥有青山绿水,只要有时间、有体力,随时就可以享用不尽。

一个人快乐不快乐,幸福不幸福,钱是很重要的因素,但不是最重要的因素,更不是唯一的因素。有钱当然很好,更重要的是要有一颗知足的心。

贪婪是人性的弱点,没有的希望有,有的希望更多、更好。很多人是坐一山,望一山,不珍惜自己已有的,而去奢求自己没有的,而为了奢求自己没有的,甚至牺牲自己已有的,真是得不偿失。什么都想要的人,结果是什么都得不到。

追求该得到的，不叫贪；追求不该得到的，才叫贪。不管是追名还是逐利，都要量力而为，顺其自然，勉强得到的，也会很容易失去。人生是有限的，一个人能够接受人生的有限，才能享受人生的无限。一颗不贪求的心，是知足的起点；一颗知足的心，是快乐的起点。

阅读省思：

1. 你重视物质上的享受吗？
2. 你会因欲望不能满足而烦恼痛苦吗？

燕处超然

宋神宗熙宁七年（公元1074年），苏轼39岁，杭州通判任满，调任密州（今山东省诸城市）知州。苏轼刚到任的时候，蝗灾严重，又有干旱，百姓没有饭吃，饥寒起盗心，到处都是强盗、小偷，讼案一大堆，与"上有天堂，下有苏杭"的杭州相比，真是天壤之别。不过，苏轼天性豁达，随遇而安，不在乎现实物质生活的困乏，而追求精神上的愉悦满足，苦中作乐，超然物外。密州地方虽然贫困，民风却很淳朴，苏轼与吏民相处非常融洽。熙宁八年（公元1075年），苏轼把当地的一座旧台重新整修，经常带领亲朋好友到台上游乐，吟风弄月，欣赏美景，享受山水与人情的乐趣。他的弟弟苏辙知道了这件事，特别借用《老子》中"虽有荣观，燕处超然"的名句，为这个台取名为"超然"。因为他知道他哥哥的个性豁达开朗，不论处在什么环境与条件，都能怡然自得，超然物外。

凡物皆有可观

苏轼在《超然台记》一文中说："凡物皆有可观，苟有可观，皆有可乐，非必怪奇伟丽者也。哺糟啜醨，皆可以醉；果蔬草木，皆可以饱。推此类也，吾安往而不乐？"苏轼的意思，全天下所有的东西，都有其美好的一面和值得观赏的地方，我们若是能够发现事物值得观赏的地方，内心就会很快乐。所以，吃什么、喝什么不重要，感觉最重要。有钱人家喝洋酒白兰地、威士忌，没钱的人喝米酒头、小米酒，只要能感受到喝酒的快乐，也就足够了。因此，不一定非得吃山珍海味，穿华贵的衣饰，一般简单的食物、朴素干净的衣服，也能让人快乐自在。

烦恼来自于选择太多

我们每人都希望追求幸福，远离灾祸，但是人类的欲望无止境，真正可以满足的欲望是有限的。我们的财富不够多，不能买到我们想买的东西；反之就可以买到我们想买的东西。可是刚满足了一个欲望，新的欲望又紧跟而来，真是欲望求不完，人生苦不完。

苏轼认为，我们为了追求无止境的欲望，在面临美或恶的分辨、去或取的抉择的时候，内心矛盾不已，非常困惑、烦恼。烦恼来自于选择的机会太多。于是，原本是为了追求幸福、远离灾祸，结果竟然是推辞幸福而追求灾祸。真是未得其利，先得其弊。

我们为什么会原本追求幸福、远离灾祸，最终却是远离幸福而追求灾祸呢？苏轼说：这是人心被物欲蒙蔽了。人心本来是清明的，在被物欲蒙蔽后，就看不清楚我们真正需要的是什么，看不清楚如何才能让人生得到真正的快乐和幸福。就像混沌的水，照不出人的形影，透过被蒙上一层厚厚灰尘的窗子，是看不清窗外的美景的。

当局者迷

人生所以不快乐、不幸福，主要是因为"游于物之内，而不游于物之外"。遨游于事物的本身，而不能超然、跳脱于事物之外。当局者迷，旁观者清。"不识庐山真面目，只缘身在此山中。"人在山中，看不见山的全貌，人只有离开山中，才能看见山的全貌。人心被物欲蒙蔽，就像在门缝里看人打斗，分不清哪是人的手、哪是人的脚，看不出谁胜、谁负，欲望像一道高墙，让我们无法逾越，人心被隔绝，如同鱼看到饵而看不到钩，最终被渔夫钓上岸；人只看到自己的欲望，没有看到追求欲望所带来的灾害。小孩走进大型玩具店、大人跑到百货公司，看到琳琅满目的商品，难免会感到迷惘、迷惑。

我们为什么要生活得那么累，对物欲、名利的穷追不舍，最终却是一场空呢？人生就像爬楼梯，一层一层往上爬，爬到顶楼，什么都没有，只是一片空旷的阳台。人生在世，想得开就很快乐，想不开就很烦恼。人生的烦恼多半是自找的。天下本无事，庸人自扰之。很多人遇到问题时常常会自问或是请教别人："我怎么办？"假如"我"没有了，还需要怎么办吗？人生的困惑，常常就是因为有个"我"字，把自己看得太重。每个人如果都只从自己的角度去看待问题，而不从对方的立场着想，那么就会有利益的冲突、思想的矛盾。

超然物外

老子说："吾所以有大患者，为吾有身；及吾无身，吾有何患？"如果我们能够把自己从各种复杂的关系中抽离出来，就不会被各种人情物理所羁绊，而得以自由自在、逍遥自适地生活。

所以，老子说："虽有荣观，燕处超然。"荣观，是指华丽的豪宅，泛指富贵的生活，虽然居住在华丽的豪宅里，心中却很平和，一点骄傲的心态都没有。一般人是"贫而谄，富而骄"，能够贫而不谄，富而不骄是不容易的。生富贵而安富贵，生贫贱而安贫贱，有什么样的条件就过什么样的生活，这就是随遇而安。人生最重要的，就是用平和的心态面对生活，才能俯仰自得，快乐自在。

一个人能够放下对利害、得失、祸福、功名富贵的追求，甚至忘了自己的存在，没有私心、没有妄念、没有贪求，就能真正参透人生的意义与价值，潇洒自在，不忮不求。我们如果整天迷失于情牵物累之中，跳不出来，得到就喜，得不到就悲，悲喜无常，就会自己困住自己，非常难过。

人常常是自己困住自己，一边抓着痛苦不放，一边又在喊痛。不能超然物外，则乐少悲多，能够超然物外，即便身处困苦的环境，也可以喜乐自在。

阅读省思：

1. 你能经受住各种物质的诱惑吗？
2. 你能从不同的角度看待事物吗？

找回迷失的心灵

有一位做生意的爸爸,平常忙于工作,东奔西跑,没有时间陪小孩,好不容易有个星期六下午可以抽出空来,就买了两张孩子爱看的球赛门票,开车到球场看球赛,可是一路上堵车非常严重,他又急又气,怕赶不上看球赛,影响他和孩子难得欢聚的时光。后来他想开了:他买球赛的门票,不就是为了和孩子有个愉快的下午吗?他现在虽然被堵在路上动弹不得,但孩子不正陪在他身边吗?他一样可以在车上和孩子好好聊聊啊!他转了一个念头,消除心中的不悦和焦虑,与孩子享受相处的快乐。生命若不是现在,那是何时?"此身不向今生渡,再等何时渡此身?"我们常常因为意外发生的一些状况,而忘了初衷,一路走来,不经意之间却迷失了自己。

寻找人生的方向

迷路是不知道自己身在哪儿,该往哪个方向走。人们也常常迷失在自己的生活中：有的人是浑浑噩噩，不知道自己该做什么；有的人是熙熙攘攘，不知道自己在忙什么。

在我们的日常生活中，常有一些不如意的事，令我们生气、叹息、失望，那是因为我们迷失了自己，找不到自我，不清楚自己是谁，不清楚自己想过什么样的生活，能够怎么生活，老子主张归根、复命，"致虚极，守静笃"，就是要我们修养虚静的功夫，回到生命的根源。佛家讲修行，也是要找到回家的路。

很多人责怪年轻人耽于物质的享受，不肯吃苦、没有上进心，行为偏差，造成严重的社会问题。其实，人不是天生就会做坏事的，都是因为后天不良环境的影响，以及在家庭、学校没有得到正确的教育。所谓教育，不只是让孩子了解道德规范与知识技能，还要有一颗疼爱的心。如果爹不疼，娘不爱，每天只是打骂责备，没有鼓励与肯定，孩子当然就会自暴自弃，误入歧途，逃学、偷窃、打架、淫邪……种种不良的行为，便会层出不穷。孩子的"坏"，很多时候是被家长和老师逼出来的。

老子说："不尚贤，使民不争；不贵难得之货，使民不为盗。"不仅是在位者的施政之道，其实为人父母、师长，也该如此。为人父母、师长，总是希望孩子考试得第一名，将来建大功、立大业、赚大钱，孩子若是成绩不好，就严厉责备；犯了一些小的错误，就加以惩罚，孩子就会逐渐对自己的生活、学习，失去信心、失去兴趣，距离父母、师长的期待愈远，只好选择逃避或对抗。所有亲子之间、师长之间的矛盾、冲突，起始点都是立意良好，只是用错了方法，表现不当，而引起许多的不愉快。

让孩子自由发展

老子很感慨地说："人之迷，其日固久。"对于人类在处理事情过程中的迷失，几千年前的老子已经深有感悟，"其政闷闷，其民淳淳；其政察察，其民缺缺"。治国者无为无事，政治看似昏暗不明，人民之德却日趋淳厚，因为能够安定、自由。相反，治国者有为有事，政治看似清明，人民因为不堪束缚，反而会狡黠抱怨。为人父母、为人师长，对子女、对学生要求太多、太高，不但不能达到预期目标，反而会造成一种伤害。教育之道，譬如种树，我们并不能使一颗樱桃树变成一颗葡萄树，我们只能努力使樱桃树长得更丰硕、壮大，果实更多、更香、更甜。每个人都是独立存在的个体，每个人的禀赋、性格、能力都不同，不是每个人都能成为贝多芬、爱因斯坦。语文考一百分，未必数学也能考满分。父母、师长的责任，应该是协助、辅导子女、学生顺性发展，而不是替子女、学生安排一切。

所谓成功，是每个生命的自我完成。人贵自知，人生最重要的是能够了解自己是谁，想过什么样的生活，能过什么样的生活，每个人的天赋不同，有的人开窍早，有的人开窍晚，家庭教育与学校教育的意义，就是协助孩子能够及早认识自我、发展自我、成就自我。

虚静的智慧

人生有智慧，就不会有无力感，面对人生道路中的各种诱惑，我们应该有取舍辨别的智慧。苏东坡诗："欲令诗语妙，不厌空且静。静故了群动，空故纳万境。"不只作诗要有这样的功夫，为人处世也要懂得虚、静二字的修养。

天地万物都有个常规，天地万物的常规，就是凡事都要顺应自然，合乎自然，才能与道同行。人生的迷惘，有时是想太多，有时是压力太大。我们常常有太多的事想做，却不知道先从哪里着手，我们常常有太大的压力，却不知道如何逐一减少。另外，我们缺少决断力、自制力，也是造成迷惘的原因。很多孩子书念不好，是因为沉迷于网络游戏当中，现在的社会，大人、小孩几乎人手一部手机，走路、开车、坐车、上课、上班，往往机不离身，都成了低头族。学生迷失在网络游戏之中，常常情难自禁，克制不住自己，明知道不能再贪玩，还是忍不住又玩下去，一面上课一面玩网络游戏，成绩怎么能好呢？

　　迷失，就找不到前进的方向，开车的人有GPS卫星导航系统，可以知道自己身在何处，以及如何到达目的地；我们的心里也要有个GPS，才不会迷失人生的方向，以及找到自己的定位。五彩缤纷，宛如万花筒般的红尘俗世，有很多令我们迷恋的地方，我们必须时时保持虚静的心态，才能找回迷失的心灵。

阅读省思：

1. 你能每天静下心来思考一些问题吗？
2. 面对各种诱惑，你能忍得住吗？

远离诱惑　追求幸福

人生最难的是抗拒诱惑。亚当与夏娃因为经受不住诱惑，偷食禁果，而被赶出伊甸园，自谋生路，夏娃被罚承受生子之痛和服从男子，亚当被罚承受觅食之劳和命归黄土。人生中的各种诱惑，像是包裹着糖衣的毒药，在美好的外表下，包含着致命的危机。

远离生活中的诱惑

老子说："五色令人目盲，五音令人耳聋，五味令人口爽，驰骋畋猎令人心发狂，难得之货令人行妨。是以圣人之治天下也，为腹不为目。"好看的东西，容易使眼睛纷乱；好听的声音，容易使耳朵发聋；好吃的东西，容易使人失去味觉；骑马打猎，容易使人心意狂野；难得的物品，容易引诱人犯罪。因此，圣人治理国家，首先教导人民只取生活所需，而不要被外物迷惑。

好看的色彩谁不想看？满街的男男女女，哪一个不是争奇斗艳,标新立异?满街的广告牌、霓虹灯,更是五颜六色、多彩多姿。美丽是一口陷阱,多少红男绿女迷失在酒色财气的都市生活中,沉沦堕落。

好听的音乐谁不爱听?到处充斥的歌厅、舞厅、KTV 中心,各种柔得让人直不起腰的歌,或是硬得令人抓狂的摇滚,都会令人痴迷沉醉。很多人为了听音乐一直戴着耳机,结果对听力损害很大。

好吃的食物谁不爱吃?中华民族是个爱吃、会吃的民族,西方人往往只把食物煮熟,自己加盐、加调味料,或是直接吃生菜加一些调酱而已。中国人是"食不厌精,脍不厌细",把吃当成一种文化,讲究色、香、味俱全,好吃之外,还要好看、好闻。中国菜分八大派系,分别是湘菜、徽菜、浙菜、闽菜、川菜、粤菜、淮扬菜、鲁菜。当然,中国地大物博,人口众多,各地都有各地的口味。各种美味佳肴,令人垂涎三尺。

骑马打猎,虽然不是每个人都喜欢的运动,但我们看大人沉迷在赌桌,小孩沉迷在电动玩具,不是各个都眼冒金星、内心狂野吗?老子说的一点不错。

我们现在有很多疾病都是生活水平提高的后遗症,如心脏病、高血压、糖尿病、癌症等；另外，紧张的生活、忙碌的工作，以及沉重的压力，造成忧虑、烦躁、不安等心理疾病，不是心死，就是身亡。愈来愈多的年轻人过劳死，越来越多的人饮食不规律、起居不正常，造成身体器官衰败，不堪使用，过早地结束了宝贵的生命。

抗拒诱惑最好的方法，就是不要接近它。老子说："不见可欲，使民心不乱。"人类的文明愈进步，各种声色犬马的诱惑，就愈是花样百出。一个人若是沉迷于声色犬马的追求，最后必然落得像老子所说的目盲、耳聋、口爽、心发狂的地步。因为物质的享受，只能给人感官的刺激，而感官的刺激是愈演愈烈，最终将使人狂乱而不能自拔。

简单的生活是幸福的根源

生活本来可以很简单，只是我们把它复杂化了。小时候快乐很简单，长大以后简单就能很快乐。小时候生活很单纯，有一颗糖、一块饼、一个玩具，就可以开心大半天；长大后，生活变得很复杂，人们就活得很不开心，唯有维持儿童时代简单的心灵、简单的生活，才能像小孩子一样开心。一次最好专心于一件事，那样就可以从容不迫、悠闲自在；相反，如果想要一次同时做好几件事，就会手忙脚乱，张皇失措，紧张、忙乱、焦虑、急躁。生活不用这么辛苦，不必跟自己过不去。

简单的生活是幸福的根源，为了身体健康，生活愈简单愈好。现代人谈保健养生，在饮食方面提出高纤、低脂、低盐、低糖、低蛋白的要求，口味要清淡，尽量素食，多吃青菜、水果。素食的好处，除了减少污染，还可以减少身体的压力，消除精神的紧张，避免因为各种工作压力、生活压力而带来的疾病。

生活的烦恼与痛苦，多半来自对物质享受太多的要求。人都想着要吃得好、穿得好、住得好、用得好，适度的物质享受是应该的，但是过度的奢求，超越自己能力的需求，就会成为生活上严重的负担和压力，成为人生烦恼与痛苦的根源，生活简单就是美。

生活简单，从知止、知足的心开始。能够知止、知足，才能节制、不贪求。生活简单，心灵就能丰富起来，把奢侈浮华的生活改变为简朴的生活，就有更多的时间和财富去旅游、学习艺术、增长知识。心灵简单就是幸福。

美是一种感觉的活动，美是心灵的自由开放。我们拥有一颗自由开放的心,才能领略生活的美、自然的美、艺术的美。一个人对外物的依赖愈少,愈能领会美的存在。我们去欣赏一棵松树的时候,一般会全神贯注地欣赏松树的昂然高举、枝干茂密,而不会去想它值多少钱,属什么科,能做什么用。

美也是一种创造,任何一件东西、一个人,都有其美好的一面,我们应该把最真实的自己呈现出来,努力创造自己的人生之美,让别人来欣赏。人生之美,不必依赖金钱或地位的装饰。

感情简单就是真。爱是基本的人性,但是如何表达爱,却不是天生具备的能力,而要靠终生学习与经营。爱是关怀、体贴、包容、尊重,感情简单就是要专一、专注。感情专一、专注,是诚实、真实的表现。

阅读省思:

1. 你会受到许多不当的诱惑吗?
2. 你如何抵挡来自四面八方的诱惑呢?

谦让是美德

老子说："弱之胜强，柔之胜刚，天下莫不知，莫能行。"天下人都知道柔能克刚，柔弱胜刚强，可是很少有人能做到这一点，能有这样修养的人，也就难能可贵，备受推崇。清朝康熙年间的大学士张英，他安徽桐城老家旁边的一块空地，被邻居吴氏占为己有，而且砌了一道墙。两家为此争执不休，张英的家人特意写了一封信，寄给在京城为官的张英，希望他协助处理。张英回了一首诗："千里送书只为墙，让他三尺又何妨。长城万里今犹在，不见当年秦始皇。"张英家人见信后便退了三尺，邻居见状，大为感动，便把墙拆了，也退了三尺，两家的防墙之间便出现了六尺宽的巷子，这就是家喻户晓的"六尺巷"。

争赢了又怎么样

我们在家里、在办公室、在路上，常常听到吵架的声音，双方都不肯退让，争得面红耳赤，有的甚至大打出手，造成身体的伤害。其实，退一步想，争赢了又怎么样？争输了又怎么样？如果对方是自己亲密的家人，或是长期合作的工作伙伴，我们又怎么忍心为了面子，而伤了他们呢？一个人争赢了很开心，争输了就不开心，不管是赢还是输，总有一方不开心。

有一个男生家里不太有钱，可是他为了心爱的女友，自己省吃俭用，给女友买各种各样的礼物，女友却不领情，经常挑剔男友送的东西，这让男友很沮丧，两人经常因此而吵架，结果拆散了一段原本很美好的情缘，十分可惜。如果双方各退一步，女生嘴巴甜一点，一方面表示舍不得男友多花钱，一方面希望男友再送礼物时，让她陪同一起选购，就可以增进两人甜蜜的感情；男生则气度大一点，以后要买礼物送女友时，多尊重女友的意见。爱不是自己喜欢什么，就给对方什么；而是对方喜欢什么东西，就在自己可承受范围内给她喜欢的东西。

台北"淡定哥"

前两年，网络上有一个很火的视频。一对青年男女朋友在台北市一家咖啡店里，女生歇斯底里地又哭又闹，男生则很淡定地坐在一旁喝他的红茶，还慢条斯理地问女生要不要吃三明治……

这名男生后来被网友称为"淡定哥",女生则被称为"激动妹"。视频播出以后,电视新闻也做了专题报道,这家咖啡店的红茶业绩一夜之间暴增五倍,卖"淡定"T恤的生意也好得不得了。学生要考试,告诉自己要淡定;面对物价上涨,股市动荡,老百姓也要学会淡定。

有一些电视剧,常常描写女人与女人的战争,有一句很经典的对白:"女人何苦为难女人。"其实,很多人都是既为难别人,也为难自己。为难自己,并不只是苛责自己,舍不得吃、喝、玩、乐;过分放纵自己,吃太多、喝太多,也是和自己的身体过不去。另外,逞强、逞能,想做自己能力之外的事,也是和自己过不去。

珍贵的偈语

人与人之间应该和谐相处,吵架没有赢家。从前有个男人到外地做生意,很久没有回家,年底了终于有空与家人团聚。路上经过集市,看见一个和尚摆摊卖偈语,商人问和尚一个偈语卖多少钱,和尚告诉他卖十两银子。商人说:"怎么这么贵?"和尚说:"你用得着,就不嫌贵了。"商人心想布施行善,也就买了一首偈语:"向前三步想一想,退后三步想一想。嗔心起时要思量,熄下怒火最吉祥。"商人把这一首偈语牢记在心里。

商人回到家,已经天黑了,妻子已上床睡觉,床头却摆着两双鞋,其中一双是男人的鞋。商人见了,妒火中烧,跑到厨房拿了菜刀,准备把不贞的妻子砍死。等到他回到卧房的时候,想起和尚的偈语,便向前三步,向后三步,惊醒了妻子。商人非常生气地问床头为什么摆有男人的鞋。妻子说:因为老公长久没有回家,现在快过年了,在床头摆一双鞋子等老公回家。商人恍然大悟,差一点因为一场误会闯了大祸,直说这首偈语,不只值十两银子,简直是无价之宝。

我们往往因为一场误会,而表现出不理性的行为,造成不可挽回的遗憾。人格成熟的人,能够自我觉醒,自我激励,而且能够宽厚待人,更重要的是能够处事沉稳,不急躁,不慌乱。俗话说:"小不忍则乱大谋。"不是每个人都要有什么大计划、大计谋,而是说人生难免会遇到许多不可臆测的灾难、祸害,或是与别人发生不愉快的争执,我们必须沉得住气,不慌不乱、冷静沉着,才能化险为夷,化干戈为玉帛。

每个人头上一片天,生是赴死,死是再生,面对纷纷扰扰的世界，我们心中不必有太多的障碍。心中没有障碍，便是人生的至乐。人生之所以有很多的烦恼，主要是因为我们管得太多，我们不仅管自己的事，还要管别人的事，甚至想管老天的事。自己的事已经管不完了，哪还有闲工夫去管别人的事、老天的事呢？不要浪费时间去计较无谓的是非。无门慧开禅师诗："春有百花秋有月，夏有凉风冬有雪。若无闲事挂心头，便是人间好时节。"懂得谦让、不争，便是最有智慧的人。

阅读省思：

1. 你能礼让别人，不与别人计较吗？
2. 你遇到脾气火爆的人，会如何处理呢？

谦受益　满招损

老子说："自见者不明，自是者不彰，自伐者无功，自矜者不长。"又说："不自见故明，不自是故彰，不自伐故有功，不自矜故长。"一个喜欢表现自己的人，就看不清楚别的事物；一个喜欢自以为是的人，反而不为人所知；一个喜欢张扬自己功劳的人，有功劳反而不被人认可；一个喜欢夸耀自己长处的人，反而没有长处。相反，不喜欢表现自己的人，才能看清楚别的事物；不自以为是的人，才会彰显名声；不张扬自己功劳的人，才会有功劳；不夸耀自己长处的人，才是真正有长处的人。

谦虚是良师益友

有的学生不知道自己的长处是什么，也不知道自己的短处是什么。其实不知道自己的长处，就是自己的长处；不知道自己的短处，就是自己的短处。自以为了不起的人，实际上没什么了不起，即便他真有一些了不起，也因为自己觉得了不起而变得没什么了不起。真正有实力、有才干、有修养的人，是不露锋芒，不自我表现的，更不会自吹自擂，狂妄自大，忘乎所以。谦虚是良师益友，傲慢是人生的大敌。

人要有自知之明，行行出状元，我们在某一专业很杰出，并不代表在每一个专业都很杰出，何况人外有人，天外有天，我们有才干，还有人比我们更有才干。金钱、地位、相貌、智慧，比是比不完的，稻穗愈饱满愈低垂，愈有本事的人，愈是谦虚、平和，半瓶水响叮当，半吊子的人，才会自以为了不起，高人一等。

夜郎自大

夜郎是汉朝时候的一个小国，它的面积只有汉朝的一个郡县那么大。夜郎的国君从来没有离开过他的国土，有一天，汉朝的使者来访，他问汉朝的使者说："汉朝比较大，还是夜郎比较大？"没有见过世面的人，不知天高地厚，就会像夜郎的国君一样，自以为很了不起。骄傲来自浅薄，狂妄来自无知，确实很有道理。狭小的仓库，只能存贮少量的食物。《庄子》书中，河伯望洋兴叹，见了大海，才知道自己的渺小。朝菌见了阳光就死，不知道一天的终始；蟪蛄春生夏死，夏生秋死，不知道一年的长短；燕雀不知鸿鹄之志，见识小的人比不上见识大的人。

很多人没有自知之明，常常自以为是，自作聪明，结果聪明反被聪明误。一个年轻人从著名的大学毕业后，便顺利进入某公司工作。这个年轻人过于自负，常常以为公司离不开他，经常评论同事的是非，有一次竟然批评他的直接领导。他原以为公司的老板会袒护他，但最后他却被老板解雇了，因为他不了解自己的角色与定位。

自以为是的人，常常自认为是老大，技高一筹，天下无敌，整个世界都围着他在转动。自以为是的人独断专行，听不进别人的意见，而且强词夺理，每次别人说话的时候，不等别人说完，就忙着插嘴，急着表达自己的意见，一定要别人接受他的看法，不是霸气而是霸道。每个人都有自己的价值观，没有人喜欢被人指责自己所相信的真理是错误的，没有沟通，没有协商，就很容易发生误会、发生争执。被贴上"自以为是"标签的人，是不尊重别人的人，也不会得到别人的尊重。

自以为是与功成不居

自以为是的人,往往因为过于自信,最终阴沟里翻船,摔了一大跤。天下事往往不如想象中容易,很多事情看似很简单,其实蕴含着很高深的学问和技巧。愈有把握的事,愈容易出差错。一颗老鼠屎会坏了一锅粥,凡事尽量不要预设立场,而且不要轻忽怠慢,更不要盛气凌人,否则就很难与朋友、同事相处,而会被排挤。

淝水之战,前秦苻坚带领八十多万军队南下,誓言打败东晋,并且口出狂言,把大军的马鞭投入江中,就可使江水断流,结果却被谢安所指挥的八万兵力打得大败,仓皇而逃。

"林来疯"林书豪高中时代就加入学校的篮球队,并成为队长。高中毕业后,林书豪进入哈佛大学,在篮球场上已有出色的表现。哈佛大学毕业后,林书豪加入NBA,先后成为勇士队、尼克斯队、火箭队、湖人队、黄蜂队的重要球员。林书豪刚进NBA时,并不顺利,时常坐冷板凳,但是以他坚毅的精神,不断努力,才有了今日极为优异的球技。林书豪最可贵的地方,是他把在球场上的胜利,都归功于球员之间的合作。"林来疯"拼搏进取的精神和功成不居的品德,使他得到了队友和球迷的认可,成为一个耀眼的明星。

"不自见故明,不自是故彰,不自伐故有功,不自矜故长",这"四不"名言,应当成为我们立身处世的座右铭,每个人记住这个道理,一定可以终身受用不尽。自见、自是、自伐、自矜,老子形容为剩饭、赘瘤,有道之人不会这样做,因为这些行为,只会令人厌恶。

阅读省思:

1. 自信和自大有什么不同呢?
2. 你在工作中喜欢表现自己吗?

以柔克刚

人老的时候，柔软的舌头还在，刚硬的牙齿却会掉落；台风过境，倒下的全是刚健的大树，而不是柔弱的小草。老子的处世哲学，主张采取柔弱而戒除刚强。年轻气盛，对于看不惯的事情，往往采用刚硬的态度，冲撞权威，提出诘问，甚至口出狂言，爆发口角和肢体的冲突。政府处理公众事务，难免不够周全，顺了姑意，逆了嫂意，一项政策的推动，总会影响某些人的权益。人生从解决问题开始，然而解决问题不是只有一种方式，用刚暴的方式处理问题，往往不是最好、最有用的方式。我们常常因为内心太刚强，跌得鼻青脸肿，心柔软了，人就可爱了，解决问题也就更加顺利。

我们处理事情，要让人心服口服，用刚强的方式也许可以服人之口，未必能服人之心；用柔软的方式处理，才能令人心悦诚服。即使没有敌人，人生也已经很苦了，不要经常冒犯别人，为自己树敌。逞强斗狠的人，动辄喊打喊杀，或是乱丢拖鞋、鸡蛋、石块，以示抗议，但不会赢得尊重、支持。

退让不是懦弱

年轻人自尊心强，爱面子，本来不是坏事。一个自尊心强、爱面子的人，正可以积极奋发，把挫折变转折，把生气变争气。但是如果只是逞强、逞能，不甘示弱，输不起，而硬要争胜负、争得失，在家与父母、兄弟吵嘴，在学校与师长、同学顶撞，在单位与领导、同事冲突，大伤和气，绝不是好事。

人是很脆弱的，该认输的时候就要认输，天冷的时候，逞强不洗热水澡、不多穿衣服，感冒着凉，真是活受罪。人生难免有挫败、失意、伤心的时候，有的人不喜欢诉苦，不愿伸手求援，即便身心已经非常疲惫，仍然装出一副没事的样子。

哭有时并不是示弱。灰蒙蒙的大地，经过新雨的刷洗，一片苍翠碧绿，清新可爱；人在大哭一场之后，满肚子的委屈，内心的伤痛，也会释怀许多，轻松很多。哭并不是懦弱的表现，人在哀伤时候的痛哭，就像欢乐时候的大笑，都是情感的自然宣泄。哭是宣泄情感的一种方式，与其压抑自己内心的悲痛而伤害身体，不如尽情一哭，让哀伤一扫而尽，擦干眼泪，鼓起勇气，振作起来。

用柔软的心互相体贴，一定比用刚强的心互相对峙好，据理力争，互不退让，结果将是两败俱伤。两个国家相互计较国力的强大，你有导弹，我有敢死队，到底谁输谁赢呢？努力争取和平，总比发动战争更好。

最柔弱者最坚强

人生的道路不会一帆风顺，难免会遇到坎坷。面对生命中的逆境，我们要勇敢、坚强，而不是软弱、畏怯。心中有爱，人见人爱。所谓心中有爱，就是内心柔软、包容、关爱、体贴、接纳，一个温和、宽容的人，才是受欢迎、受尊重的人。

老子说："人之生也柔弱，其死也坚强。草木之生也柔脆，其死也枯槁。故坚强者死之徒，柔弱者生之徒。"人活着的时候身体是柔软的，死了以后变得枯槁。老子因此得出一个结论：坚强的东西属于死亡的一类，柔弱的东西属于生存的一类。一个人的作风太强硬，不只会伤人，也会伤己。做事柔缓的人，让所有人都感到舒服。

老子说："天下莫柔弱于水，而攻坚强者莫之能胜。"世上的东西，没有比水更柔弱的，但是水能怀山襄陵，磨铁消铜，任何可以攻坚克强的东西，都不能够胜过它。洪水来的时候，什么东西都挡不住；经过长年累月的积累，滴水也可以穿石；随着现代科技的发展，锐利的水刀可以切断非常坚硬的钢板。

铁锤可以击碎坚硬的石块，却击不坏软绵绵的棉被；以柔克刚、以静制动的太极拳，能够无敌于天下，也体现了柔弱胜刚强的道理。人与人之间难免会因为意见不同而发生争执、冲突，如果争执的双方都不肯退让，就可能愈演愈烈，吵到不可收拾的地步，大伤和气。现在有些年轻人因为彼此看不顺眼，就大动干戈，甚至动刀动枪，大打出手，结果伤人害命，断送大好前程，这是很不应该的。

谦卑退让是强者

做人在能不能忍而已，所有的人都明白柔弱胜刚强的道理，但还是有很多人做不到谦卑退让，总想居人上风，走路趾高气扬，目空一切，以为自己是天下第一，梦想自己成为大官，可以任意役使别人；梦想自己发了大财，成了大企业家，很多人前来巴结逢迎；或是成为一代名人，到处拥有掌声、镁光灯和成群的粉丝。老子也很感慨："天下莫不知，莫能行。"之所以会知道而做不到，一方面是私欲太强，一方面是自制的功夫不足。

淡定的人不与人争，不是没有能力与人争，也不是不屑与人争，而是想明白了，不必与人争，因为争到了未必有好处，争不到未必有坏处，就像有钱、有名的人的烦恼，不会少于没钱、没名的人。老子说："损有余，补不足，天之道也。"天网恢恢，物极必反，一个人逞强、逞能，即便争到、求到，也会很快丢掉、失掉。天下太刚强、太刚猛的东西容易被摧毁、被消灭，以柔顺、温和的手段处理事情，反对的压力就会少一些。

阅读省思：

1. 你常会因为一点小事而与别人发生冲突吗？
2. 你是位个性刚强还是个性柔弱的人呢？

退一步海阔天空

老子的思想，以无为为本，老子所谓的无为，并不是一无作为。天地顺应万物的本性，各遂其生，各得其滋养发展，所以虽然无为而能无不为。老子无为的思想，是告诫世人不争、守柔、处下、复命，顺应自然。

水善利万物而不争

人生的种种痛苦，往往出于一个争字，争是非，争得失，争快慢；朋友失和、夫妻反目，以及许许多多的人事纠纷，大大小小的交通事故，大多因为不能谦让。老子说："上善若水，水善利万物而不争，处众人之所恶，故几于道。"人以自然为师，上善的人像水一样，水能滋养万物，而不和万物相争，蓄积在众人所厌恶的卑下之处。水有这些特性，接近于道。为什么呢？"万物作焉而不辞，生而不有，为而不恃，功成而不居。"道化生万物，功成不居，水也是善利万物而不争，二者有相似的地方。

老子常常以水为喻,告诉世人不争卑下的道理。老子说:"江海所以能为百谷王,以其善下之,故能为百谷王。"江海自处低下的地位,自然就成为百川之王。

以其不争故天下莫能与之争

老子说:"圣人欲上民,必以言下之;欲先民,必以身后之。是以圣人处上而民不重,处前而民不害。是以天下乐推而不厌。以其不争,故天下莫能与之争。"人君在位,想要居于万民之上,就要在言语、颜色上,谦卑处下;想居于万民之前,必须处处退让,不要与人争胜。贤明的国君虽然处在上位,百姓不会感到有压力;贤明的国君虽然处在百姓的前面,百姓不会觉得有所妨碍。天下的百姓乐于拥戴贤明的国君而不厌弃,主要是因为贤明的国君不会和任何人争胜,所以也就没有任何人会与贤明的国君争胜。其实,不只为政之道如此,任何一个人为人处世的道理也是一样的。

原谅别人,就是善待自己

争是刚强,争是暴烈,盲目地争是没有好处的。甲骨文中的

"争"字，像两人各持物的一端相争之形。两人持物各不相让是争，一人持物被另一人抢是夺，不管是争还是夺，必然会有输赢、有是非。被人占便宜，自己不高兴，占别人便宜，别人也不开心。没有人愿意吃亏，不管是自己吃亏，还是别人吃亏，难免都会有怨尤，都会伤和气。

不争才不会有抱怨，不争才不会伤和气。人以和为贵，人与人之间，难免会有一些误会、争执，或是利益冲突。台湾慈济证严上人曾说："原谅别人，就是善待自己。"我们不要拿别人的错误来惩罚自己，我们当然也不能拿自己的错误去惩罚别人。原谅别人，不是懦弱的表现，而是胸怀宽厚的象征。

人生苦短，不过百年光阴，过一天就少一天，人生像一盒纸巾，每天抽取，总有一天会抽完。人生没有什么好计较的，人生是计较不完的。得又如何？失又如何？得与失，祸与福，都像潮水一样，来来往往。人的一生，有欢笑也有悲伤，欢笑会过去，悲伤也会过去。人生最重要的是活得健康、活得快乐，人生是比较不完的，比金钱、比地位、比学识、比美貌、比家庭，比来比去，人外有人，天外有天，知足就是幸福。喜欢计较的人，是不知足、不满足的人，不知足、不满足正是痛苦的根源。

两个人从独木桥两边同时上桥，相遇之后，总要有一个人让路，然后二人才能都过去，如果二人相持不下，谁也不让谁，这样就都没法过去。宽厚得福，唐代僧侣寒山问拾得："人家谤我、欺我、辱我、笑我、骂我、轻我、恶我、骗我时怎样？"拾得回答说："只可忍他、由他、避他、耐他、敬他、不要理他，等他几年，看他怎样？"我们一般人受到欺侮、受到委屈的时候，总要据理力争，反击回去，如果打不过别人、争不过别人，就会自己觉得难过、痛苦。其实，我们与别人争执，只能表现我们与别人一般见识而已，最好的方法，就是不要理会，躲远一点。我们见疯狗乱叫，我们也要跟着乱叫吗？我们如果不躲远一点，被咬伤了，不是很倒霉吗？抚平伤痛最好的方法，就是遗忘和原谅，时间是抚平伤痛最好的治疗剂。

聪明人以退为进

不与人争，并不是没有能力与人争，也不是不屑于与人争，而是不愿与人争。因为争到未必有好处，争不到一定有坏处，不管是名还是利，拥有太多未必是福气。事不要做尽，话不要说绝，给自己和别人一条退路是很重要的。

人生难免会有许多委屈，生气只是情绪的发泄，我们遇到一些令人悲伤、愤怒的事情，难免会有情绪的波动，然而在怨天尤人之前，应该平心静气地省思，是否自己做得不够好，是否自己对不起别人，而不能只是抱怨别人对我们不好。

争强斗狠，往往是两败俱伤，聪明的人懂得以退为进，不争的人就没有人能与之争。没有声音往往比强词夺理更有说服力，吵架没有赢家，即便赢了面子，也会输掉里子。懂得认输的人，才是真正的赢家。

阅读省思：

1. 你会与别人发生争执吗？
2. 你从老子对水的比喻，得到什么启示呢？

给生命一点留白

老子说:"三十辐共一毂,当其无,有车之用。埏埴以为器,当其无,有器之用。凿户牖以为室,当其无,有室之用。故有之以为利,无之以为用。"老子用车子、器皿、房子做比喻,阐释"有"和"无"的关系。车轮中的三十根木条汇集在车轴,车毂中空,才能使车行走;糅合陶土做成器皿,器皿中空,才能盛装物品;开凿门窗建造房子,室内空虚,才能住人。空不是一无所有,也不是一无所用。物品可以增加生活的便利,但是物品的便利,往往来自"空""虚"。虚、实是相对应的,我们常常只看到实的好处,而没有注意到虚的作用。教室因为是空的,我们才能进去上课,教室如果已经有班级在上课,另一个班级就不能再进去上课了。碗是空的,所以能盛饭,碗里已经装满饭,就不能再往里盛饭了;瓶子是空的,所以能装水,瓶子里已经装满水,就不能再往里装水了,否则就会溢出来。车轮、陶器、房屋,都是"有",而车子之所以能转动,陶器之所以能盛物,房屋之所以能住人,都是因为车毂的"空"、陶器的"空"、房屋的"空"。"有"和"空"配合,才能产生物品的利用价值。

"有"和"无"都是有用的

我们一般人只想到有用之用,而不会想到无用之用。天地万物,由无生有,一切的有都是从无而来,我们可以说,没有"无"就没有"有","有"是一种存在,"无"也是一种存在。"有"有"有"的用,大家看得出来,"无"的作用,很多人不理解。试想我们所站立的地方,只是方寸而已,我们站的地方以外的大地,表面上看跟我们没有关联,但是如果把我们站的地方以外的大地,全部切除,那么,我们站的地方不也同时落空了吗?所以,我们站的地方以外的大地,表面上看跟我们没有关系,其实是大有关系。

中国传统艺术,不管是音乐、绘画还是书法,都是非常重视空灵、逸趣的。中国的绘画强调写意,西方的绘画强调写实。写意就是留下空白,让观赏者有想象的空间,像写作一样,言有尽而意无穷,意在言外。音乐中的休止符,短暂的休止,却有"此时无声胜有声"的效果。书法之美,除了讲求形体,章法结构、字距、行距等空间的配合也很重要。建筑当中一般会保留一定的面积给阳光、空气、庭园,以增加生活的品质。

现代人生活中要有一些留白

忙，是现代人生活的特点，很多人像是有三头六臂一样，身兼数职，尤其社会地位愈高的人，兼任的职务愈多，常有分身乏术的感慨。很多人常常抱怨，人在江湖，身不由己，认为自己的工作异常繁重。其实，人生可以不用这么累，人生不是只有工作而已，要偶尔给自己放个假，休息是为了走更长的路。

很多人很努力地工作，也很努力地赚钱，最终赚了很多钱，却失去了健康，然后再花很多钱去看病，去恢复健康。年轻时为了工作赚钱而糟蹋身体，老来身体就来糟蹋你。美国苹果公司总裁乔布斯临终前的一段感言，值得我们每个人好好反思：作为一个世界500强公司的总裁，我曾经叱咤商界，无往不胜，在别人眼里，我的人生当然是成功的典范。但是除了工作，我的乐趣并不多，到后来，财富于我已经变成一种习惯的事实，正如我肥胖的身体——都是多余的东西组成。此刻，在病床上，我频繁地回忆起我自己的一生，发现曾经让我感到无限得意的所有社会名誉和财富，在即将到来的死亡面前已全部变得暗淡无光，毫无意义了……

既有今日，何必当初？我们应该有智慧去折中、均衡，避免失调、失控。健康是人生最大的财富，健康没有了，什么都是假的。在健康受到损害时，老天常常会给我们预告、警讯，如果等到病入膏肓求诊治，那就来不及了。

没有健康就没有一切，名与利，亲情、友情、爱情，都很重要，但是没有比生命更重要的，有健康的身体，才能有兴旺的事业。

美是给心灵保留一片自由的空间，懂得无用之用是为大用，才能真正享受人生的大美，我们要善待自己，每天即使再忙，也要留一点时间给自己。没有去出席会议，会议仍会照开；没有去参加宴会，别人一样开心地吃饭、喝酒。生命留一点空白，让自己有喘息休养的机会，有充电学习的机会，有享受人生乐趣的机会。

人际关系要有一些留白

人与人之间相处，也要有一些留白，情侣之间的拥抱，如果太紧是会窒息的。俗话说："话不说尽，事不做绝。"又说："人情留一线，日后好相见。"这都在强调人际关系的和谐，一定要留一些余地，让彼此都有回旋的空间。两性的结合，并不是两个圆重叠在一起，而是交叉在一起，有共同生活的部分，也有各自生活的空间。做人要有一点黏又不太黏，要在不黏不脱之间找好平衡点，太黏就是太执着、太放不开，执着是痛苦的根源；太脱则是看得太开，人生的苦难没有了，人生的趣味也没有了。人生的趣味，是在苦中求乐，无中生有。人际相处的道理也是如此，太疏远了不好，太亲密了也不好。

放下一切，才能获得一切。我们要拥有，先要学会放松、放空、放下，懂得放松、放空、放下的人，才能享有自得、自在、自由的人生。

留白不是虚度

不要让青春留白，但是要给生命一点空白。给生命留白，是给生命一点缓冲的空间，而不是让生命完全虚度。生命中有一点空白，才能捕捉生命中的悸动。什么都要的人，什么都得不到，留一点缺憾，人生会更加美好。别忘了给自己和别人留一点空白，留一点时间和空间。

阅读省思：

1. 你做事的时候，会给自己多留一些时间和空间吗？
2. 有人说："君子之交淡如水，小人之交甘若醴。"你认为有道理吗？

利他的人有福

人生的患,不全是外来的,有时候是自找的。心中有个"我"字,无形中就给自己上了一个枷锁,自我捆绑,自我拘束。老子说:"吾所以有大患者,为吾有身。"就是这个道理。人生的烦恼与痛苦,往往来自于私心太重,欲望太多。

自私自利易遭祸患

一个人把自己看得太重,心里只有自己而没有别人,或是把自己的利益凌驾在别人之上,就成了自私自利的人。两只乌鸦共同栖止在一个鸟巢,鸟巢破了个洞,两只乌鸦都很自私,彼此推诿,谁也不愿意去修补破洞,破洞愈来愈大,两只乌鸦还是不肯动手做修补的工作,结果鸟巢被寒风吹落到地上,两只乌鸦只好一起经受风吹雨淋。

许多人都抱持"各人自扫门前雪,莫管他人瓦上霜"的自私心态。有一只老鼠看见农夫买了一个捕鼠器,非常紧张,求助于公鸡，公鸡对老鼠说："捕鼠器会要你的命，可是对我一点伤害都没有。"老鼠去求助猪和牛，也只得到相同的回答。有一天，农夫的捕鼠器捕到一条毒蛇，农夫的妻子不小心被毒蛇咬伤，得了重病。农夫为了给妻子补充营养，就把公鸡杀了；农夫妻子的病实在太严重，邻居都来探望，农夫为了感谢邻居，便把猪杀了给邻居们吃；很不幸，农夫妻子后来病死了，全村的人前来参加丧礼，农夫就把牛也杀了，招待客人。公鸡、猪和牛，都认为捕鼠器只会要了老鼠的命，而不会对自己造成什么伤害，因而对于老鼠的求助不管不问。他们这种自私的想法和做法，最终给自己带来了杀身之祸。我们每个人都生活在一个群体中，都会与别人发生联系，对于别人的危难和求助，我们要感同身受，施以援手，否则，别人的祸患和危难也有可能会发生在自己身上。

爱要分享

　　猴子的屁股为什么是红的？童话故事中，松鼠很热心地帮助别的动物，猴子自恃聪明，不喜欢别的动物帮助。有一个冬天，外面下着雪，松鼠和猴子在洞里的火炉边取暖，炉上的火花喷到猴子的身上，松鼠热心地问要不要帮忙，猴子拒绝松鼠帮忙，结果火花一直烧到猴子的屁股，把猴子的屁股烧得火红。

英国著名作家王尔德写了一篇寓言故事：自私的巨人禁止小孩到他的花园玩，少了孩子的笑声，巨人的花园变得十分冷清，不但春天不来，夏天、秋天也不来，天天都是寒冷的冬天。有一天，巨人在睡梦中被寒风吵醒，看见窗外有个小孩被冻得全身发抖。巨人好心地把小孩抱到屋子里，给他食物，帮他洗热水澡。孩子笑了，屋子里的植物竟然长出新芽，花也开了，原来这个小孩就是春天。

生活在地球村，我们都是生命的共同体。不要以为事不关己，就不愿意付出。我们不晓得哪一天自己也会成为受难者，需要别人的协助。平时不关心别人，需要别人帮忙时也不会有人来帮助。一个人成就的大小，不在于得到多少而在于付出多少，付出愈多，成就愈大；不肯付出的人，一无所有。

爱因为分享而增长，我们在服务别人的同时，也在增长自己的经验。为善最乐，因为我们在帮助别人的同时，也在肯定自己的能力，自己有能力才可以去助人的。帮助别人，就是成就自己。

小我与大我

　　除去私心，做人就不难。孙中山先生倡导"天下为公"的观念，这要有大公无私的胸襟和气度，一个人要做到公而忘私，是很不容易的，至少我们不能假公济私，损人利己。老子说："自知不自见，自爱不自贵。"爱人从自爱开始，唯自爱者能有所爱，唯自爱者才有能力爱人，唯自爱者才有条件被爱。自爱不是自私，而是自尊、自重，所以老子说自爱的人不会自以为了不起。

　　自私的人，凡事都只想到自己的利益，不会替别人着想；想到别人的利益时，自己的利益也要先摆在前面。自私与利他是两个相对的概念。为人之道，应如儒家所主张的，"己所不欲，勿施于人""己欲立而立人，己欲达而达人"。做人不能不考虑自己，但做人也不能只考虑自己。

　　当然，人莫不有性，人莫不有情。人性除了有纯正善良的一面，也有偏邪自私的一面；人情除了有宽厚温暖的一面，也有残暴苛刻的一面。"我"，有小我，有大我。所谓小我，是指心中只有自己而没有别人，以自己为重，别人为轻；所谓大我，则是心中除了有自己，还有别人，甚且以大众为重，自己为轻。一个关心别人的人，才能得到别人的关心，一个只关心自己的人，是不会得到别人的关心的。

　　老子说:"天长地久。天地所以能长久者,以其不自生,故能长生。"不自生,是不自以为生,没有私心的意思,圣人法天而行,"后其生""外其生",所以能够"身先""身存",圣人待人谦和,不和别人计较,所以能够位居百姓之上,得到百姓的拥戴。一个只求付出而不求回报的人,大家看在眼里、记在心里,如果有任何好处,第一个想到的,就是这样的人。不求福,自然有福。

阅读省思:

1. 你常常乐善好施,乐于助人吗?
2. 你做事的时候,会常常替人着想吗?

学习要有空杯心态

老子说:"圣人之治,虚其心,实其腹,弱其志,强其骨。"圣人治理百姓,要使百姓减少欲望,而充实其生活,削弱他们的心志,增强他们的筋骨。"虚其心",用在治学方面也很重要。南隐是日本很有名的一位禅师,有一天一个对佛理很有研究的人前往请教,态度很傲慢,对南隐的徒弟很不客气。南隐替他倒茶的时候,故意把倒满的茶继续再倒。这位傲慢的客人说:"茶已经倒满了,为什么还要继续倒?"南隐回答说:"你自认为已经很懂佛理,怎么能再从我这里学到东西呢?水满则溢,人自满就不会再有长进。"

求知若饥,虚心若愚

至圣先师孔子非常好学,他曾自述:"十室之邑,必有忠信如丘者也,不如丘之好学也。"孔子的好学精神是:"发愤忘食,乐以忘忧,不知老之将至。"孔子到太庙,不懂的事每事必问,因为"知之为知之，不知为不知"，不能强不知以为知。人生有学不完的事，只有见识鄙陋的人，才会自以为了不起，否则，学得愈多，愈是觉得不足，学无止境，要活到老学到老。

吴宝春从小就在台湾屏东乡下生活，没有受过很多的学校教育，但是他勤奋好学，从小学做面包，2010年夺得世界面包大赛个人赛冠军。冠军的光环并没有使他感到骄傲，他说："拿到冠军只是当下，学习才是永远。"一个人能够不断地学习，才能不断地进步。

美国苹果公司创始人乔布斯于2005年在斯坦福大学毕业典礼上发表演讲，他提出"求知若饥，虚心若愚"。我们对学习的态度，要饥不择食，努力不已；我们做人做事要虚怀若谷，好像自己很愚笨，什么都不知道。乔布斯的这句话，真是警世名言，将会代代相传，就像他所创造的苹果手机，改变了全人类的生活和思想。

以万物为师

人在天地间，永远都是学生。自然界有取之不尽、用之不绝的资源，大地是人类共同的母亲。我们在大自然中得到生存的凭借，也从自然界学得生活的真谛。苏东坡诗："水能性淡为吾友，竹解心虚是我师。"水性淡泊不争,老子说:"上善若水。"又说:"水善利万物而不争,处众人所恶,故几于道。"竹节空心,喻义人也要像竹节一样谦虚柔弱,不要逞强、逞能。郑板桥的《竹石》云:"咬定青山不放松,立根原在破岩中。千磨万击还坚劲,任尔东西南北风。"更是鼓励世人要学习青青翠竹屹立不摇、坚忍不拔的精神。面对人生的各种挑战、苦难,要勇于承担,坚定不移,再大的挑战、再多的苦难,都会迎刃而解。

三人行,必有我师

每个人都是我们的良师益友,肯定、鼓励我们的人,我们要感恩;打击、批评我们的人,我们要感谢。给我们泼冷水的人,正是能够提醒我们、激励我们奋发向上的人。闻道有先后,术业有专攻。学有专长、能力比我们强的人,当然是我们学习的榜样,那些学养、能力不如我们的人,我们也不能轻视怠慢、瞧不起。"尺有所短,寸有所长。"每个人都有一些长处,每个人都有一些短处,只是有人长处多一点、短处少一点,或是短处多一点、长处少一点。别人的长处值得我们学习,别人的短处值得我们借鉴。

孔子说:"无友不如己者。"并不是不要结交智慧、才能不如我们,或是财富、地位不如我们的人,而是不要结交德行不如我们的人。孔子担心一个人和德行不好的人交朋友,受了坏的影响,德行跟着变坏。

我们的教育往往是教得太多,学得太少,学生主动学习的意愿不够强烈。如果一个人没有旺盛的求知欲望,他如何能吃苦,如何肯下功夫去学习呢?又如何能收到学习的效果呢?学一以知一,不足以为学;学一以知三,方足以为学。我们的学生往往太被动,教一课只学一课,而不会运用思考,研究如何触类旁通,举一反三。我们的学习如果全靠别人的指导,一生所能学得的知识、学问、技能,实在非常有限,总要自己主动出击,才能有更多的收获。

教育是人生的美化,"书中自有黄金屋""书中自有颜如玉""书中自有千钟粟",很多人以为读书的目的,只在于以上这些方面的追求。其实,读书的功用,主要在于明理,明做人、做事之理。懂得做人的道理才能知道人生的意义与价值,活出人的自得自在;懂得做事的道理,才有谋生的能力,才能照顾自己及家人的生活,改善生活的品质。有能力就有机会,有工作就有报酬。我们人生所有的努力,就是希望给自己及家人过好的生活,行有余力,还能照顾社会上孤苦无依的人,甚至是增进全人类的幸福。

终身学习

人生是一本读不完的书,人生有多长,人生奋斗的道路就有多长。能够有机会追求更高的学历,当然要珍惜把握,没有机会取得高学历,也不必自暴自弃,世人尊敬的是真正有学问的人。古今中外许多很有学问的人,并没有很高的学历,不少具有很高学历的人,在学术的发展中,却是默默无闻。

总之,我们的学习要抱持空杯的心态。老子说:"道冲,而用之或不盈。"又说:"持而盈之,不如其已。"做人处事要戒满、戒盈,唯有抱持空杯的心态,才能接受人生不断的挑战。要放下身段,放空自己,把学习与生命结合,因为骄傲自满的人是不会有长进的。

阅读省思:

1. 你对很多事都有好奇心,并有学习的动力吗?
2. 你是个骄傲自满的人吗?

老子的知与行

老子说:"吾言甚易知,甚易行。天下莫能知,莫能行。"我对老子的这句话,有很深的感触。根据司马迁《史记》的说法,老子当年因为不愿意再看见周朝的衰败,要隐居而去,到了函谷关口,关令尹喜知道老子是一位有智慧的长者,要老子留下一部著作。老子写下了《道德经》五千言,不管是谈人生修养还是为人处世,都能给人很大的启发。然而,老子对自己的思想不能被理解、被实践,感慨非常深切。

知易行难

老子的中心思想是道,道是不可见、不可闻、不可触的抽象的存在,说"易知"吗?当然不易知。但是如果我们理解道就是自然,天地万物都是自然所生,道化生万物,是自然而然,不是刻意作为。人生的修养与行政的管理,都应该效法天道的运行,无为而无不为,"道"其实是"易行"的。

"知易行难"与"知难行易"是两种不同的思维方式。中国自古以来就有"知易行难"的说法，大家都知道做人做事的道理是要走正道，不能走邪路，可是很多人知道却做不到，偏偏走向歧途，做出偏离正道的事。谁不知道要珍惜身边的人、事、物呢？可是往往等到要失去了，才会觉得悔惜、懊恼、伤心、难过；我们都知道助人为善是积德，可是别人需要我们帮助、支持的时候，却拒绝伸出援手；遇到人生的困境和诱惑，我们也知道要放下，可是偏偏就放不下。另外，我们在日常生活中都知道早睡早起身体好，很多人却习惯晚睡而又不愿早起；我们知道三餐应该定时定量，却是早一顿、晚一顿、饥一顿、饱一顿。

孙中山先生当年提倡革命，认为"知易行难"是一种病态心理，是革命的大敌，因为有一些革命党人认为他的理想太高，不容易实现，所以孙中山先生提出"知难行易"的学说，鼓励革命党人，也希望有更多人民的支持。他曾讲了一个故事：有一个人家里的水龙头坏了，请工人来修理，没几分钟就修好了，修好之后，工人要100元工钱。主人问为什么要这么贵。工人说：动手修水龙头很容易，但是要知道怎么修很难。100元中有90元是知识的代价，只有10元是动手修理的工钱。这也体现了"知难行易"的道理。

行动最重要

很多人都知道怎么样就能成功，可是却迟迟不肯付诸行动，所以未能成功。大家都想成功，只有少数的人能成功，道理是非常简单的；不肯付出的人，一无所有；耕耘愈多，收获愈多。知道火车站的位置，如果不往火车站的方向一步一步往前走，也是到不了火车站的。我们读再多本股神巴菲特写的书，没有实战经验，没有在股海里浮浮沉沉、跌跌撞撞，也不会成为第二个股神。

行动是最重要的，知一尺不如行三分，很多人之所以知而不行，不是不知道行的重要性，而是知道却做不到。虽然有些人只是坐而言，不愿起而行，可是大部分的人还是希望能够知行合一。那么为什么知道行的重要性却做不到呢？一方面是懒，另一方面是没有决心与毅力。做事笨还有救，懒就没救了。勤能补拙，笨的人勤快一点，动作虽慢，总有一天会成功。就像龟兔赛跑的故事，乌龟只能慢慢爬，比不上兔子跑的速度，但是兔子自恃它跑得快，中途睡着了，等到它醒来的时候，乌龟已经爬到终点，赢得了胜利。

没有决心与毅力的人，一直在等机会，看能不能一步登天，快速成功。但是，成功是没有捷径的，不肯行动的人，不是不知道要即知即行，而是希望等条件充足再开始行动。殊不知天下事一得一失，当原来的条件变得有利的时候，新的困难就会接踵而来，每件事情有它有利的基因，也有它不利的基因。

　　行不容易，知也不容易。"物有本末，事有始终，知所先后则近道矣！"我们处理事情的时候，常常不知道该做什么，不该做什么，该先做什么，该后做什么。行的法则，一要有起点，二要有顺序，三要有目的，四要有毅力。"为者常至，行者常行。"积土才能成山，积水才能成渊。每天坚持不懈，积少而成多，水到则渠成。

知行合一

　　知是一回事，行是一回事，知而不行，不如不知，没有人喜欢只会说漂亮话的人，人生贵在力行。知是行的基础，行是知的目的，我们一般人总是说得多，做得少。老天是很公平的，一分努力，一分成绩，天下没有不劳而获的事，也许有些人运气好，比较容易成功，但是绝没有不肯付出，就能享有丰硕成果的。

懂得游泳的知识，不等于就会游泳，必须亲自下水，喝过几口水，从失败的经验里逐渐揣摩游泳的要领，才能真正掌握游泳的技巧。不经一事，不长一智，成功的人未必比失败的人幸运，成功的人其实比失败的人经历了更多的失败，但是成功的人能吸取失败的教训，把危机视为转机。成功的人不是靠运气，而是靠志气和勇气。

生命就是菩提，生活就是道场。人生处处都是起跑线，只要开始就不迟。我们每天眼睛一张开，就是一个崭新的生命，每天在心灵的角落，要有一些新的萌芽，我们不能只是空谈理论，只会说，不会做，不肯做，而是要理论与实务合一。

阅读省思：

1. 你是个说得多、做得少的人吗？
2. 你认为是"知难行易"还是"知易行难"呢？

千里之行始于足下

老子说："合抱之木，生于毫末；九层之台，起于累土；千里之行，始于足下。"合抱的大树，是从小小的苗芽长成的；九层的高台，是从一筐一筐的土堆起来的；千里的行程，是从迈出第一步开始的。人生有梦最美，年轻人像初升的太阳，对人生充满憧憬、梦想。但是人生不能只是做梦而已，要能筑梦、圆梦，使美梦成真。

等待不如行动

临渊羡鱼，不如退而结网。很多人只会羡慕别人的成功，而不去深入探讨别人为什么能成功，而对自己的失落、挫败，也不虚心检讨原因，只怪自己运气不好、遇人不淑。其实，老天是很公平的，老天不会对某些人特别好，对某些人特别不好，每个人都有些好、有些不好，关键在于自己能不能认识自己的好与不好，从而善于利用自己的优点，改正自己的缺点。机会都是留给准备好的人,当机会来敲门的时候,我们准备好了吗?

等待机会的人,永远没有机会。等待,不只是在期盼,也是在犹豫。等待机会的人,不是没有机会,而是每一次机会来临的时候,心里却想是不是还有更好的机会,使得原有的机会一一在指尖流逝。

一勤天下无难事

很多年轻人希望一步登天,一蹴而就,却不肯脚踏实地,辛勤耕耘。我们不能小看一块钱的价值,坐公交车、坐火车,少一块钱就买不到票,只能徒步回家。人的一生也许会有一两次幸运的事,譬如买彩票中大奖之类,但这是可遇不可求的,我们不能为了等待机遇而放弃努力。真实的人生,是平平淡淡、扎扎实实的,不是等待机会的人可以取巧得逞的。

"一勤天下无难事"。古今中外所有在历史上留下盛名的人,都是勤于做事的人。我们每一天都有24个小时,有的人是漫不经心,糊里糊涂混过去的,有的人则兢兢业业,努力与时间竞走,生怕浪费宝贵的时间。任何一个人的成功或失败,都不是偶然的,懂得珍惜时间的人,会比浪费时间的人,更容易成功。

勇敢跨出第一步

　　知是行的基础，行是知的目的，知而不行，不如不知。很多人都知道成功靠努力，也知道如何才能成功，但是却不肯跨出第一步，或者虎头蛇尾，稍遇到困难与挫败，就不能坚持到底，最终放弃努力。即使知道目标在哪里，如果不往目标的正确方向走，也是到不了目的地的；走一半路就停下来的人，也是实现不了目标的。

　　心动不如行动，心动就要马上行动。我们常常会有做一些事的想法，却迟迟没有付诸行动，一蹉跎，几年、几十年的时光就过去了。岁月是不饶人的，一天天，一月月，一年年，说没就没了。多少青春壮志，最后都只剩下惆怅与哀伤。

　　豪宅、名车、学位、社会地位……都是许多人梦寐以求的理想，这些理想的追求，不是用想和说就可以得到的，而是要努力付出时间、精神，才能拼搏得来。付出愈多的人，成就愈大；不肯付出的人，一无所有。

　　一步一个脚印，不管多远的路程，只要有心、有力，持续不断，有恒心、有毅力，终有到达终点的时候。

慎始慎终

现在有很多家长很早就让小孩上学,学习各种才艺,生怕孩子会输在起跑线上。赢在起跑线上固然重要,但赢在终点更重要。人生像一场马拉松赛跑,不是看谁第一个冲出去,而是看谁第一个跑到终点,取得成功。老子说:"民之从事,常于几成而败之。慎终如始,则无败事。"人们做事,常常是在快要成功的时候而失败。在事情快要结束时,如果还能够像开始时那样谨慎,就不会失败了。"行百里者半九十",最后十里路,往往是最关键的十里路。

人生像是玩一场梭哈牌赛,不到最后难定输赢,谁先放弃,谁就先失败。坚持是成功的不二法门。好的开始,是成功的一半,但也只是一半而已,胜利属于坚持到底的人。一步不能登天,罗马不是一天建成的。水果总要成熟才香甜,早摘的果实,没有不酸涩的。千里之行,始于足下,做任何事,都不能急于求成,因为欲速则不达。凡事要么不做,要做就要做成功。玩要玩真的,不要玩假的;玩要玩出名堂,不要只是游戏人生。

我们做人做事,都要慎始、慎终,有始、有终,跨出去的第一步是很重要的,如果选错方向,南辕北辙,就会愈行愈远,没有办法到达目标；而在行走的过程中，也许有其他的诱惑，可能被引导到别的方向，也许有许多的挑战，都必须勇敢承担。不管如何，不怕路长，只怕腿短，千里的行程，都是从第一步开始的。

阅读省思：

1. 你有宏伟的志向吗？
2. 你如何面对人生中各种各样的挑战呢？

知命而不认命

老子说:"飘风不终朝,骤雨不终日。"狂风不会持续吹一个早上,暴雨不会持续下一整天,狂风、暴雨,都是人类的灾难。每次台风来袭,对沿海地区的居民都会造成严重的伤害,屋毁、人亡,农作物几乎毁于一旦。灾情过后,遍地疮痍,令人伤痛,真是"天有不测风云,人有旦夕祸福"。

人生的苦难是难免的

与自然界的灾害相似,人生的苦难也是难免的,苦难与人俱生。佛教说人生有八苦:生、老、病、死、爱别离、怨曾会、求不得、五取蕴。人在出生的时候,好像就懂得这个道理,所以每一个人都是哭着来到这个世上。对于即将到来的各种苦难,人是充满无奈与抗拒之情的。

人生有许多的无奈,命运之神常常和我们作对。人并不是想要什么就能拥有什么,往往事与愿违。老天也喜欢和人开玩笑,有些人家财万贯，富可敌国，却身体残障，或缺乏亲情的温暖；有些人智慧高人一等，又肯努力上进，偏偏运气不好，屡受挫折；有些人天生丽质，倾城倾国，却遇人不淑，婚姻失败。在我们周围，经常可以看到、听到许许多多令人心酸、扼腕的不幸事件。

另外，人在面对死亡威胁的时候，也是充满恐惧和无力感的。人生最看不破的是生死关，除非对生命已绝望到顶点，否则一般人总希望能够多活几年，多与亲友相聚一段时间。

生命是不可承受之轻

生命是不可承受之轻，我们要珍惜所有。每个生命都有一些缺口，我们要努力弥补生命的缺口。虽然人生苦短，人生多难，人生无常，但是有生命就有希望。每个人最重要的事，就是要认清自己，接受真实而不完美的自己，用自己的因缘过生活，没有人能决定我们该做什么，不该做什么。只有自己能决定自己能做什么，不能做什么。我们不能决定生命的长度，但可以决定生命的宽度。

所有存在的都会过去

所有存在的都会过去，只是迟早而已。快乐的日子会过去，忧伤的日子也会过去，所以遇到得意的事，开心一天就好；遇到不如意的事，伤心一个晚上就好。人生像是一趟旅程，走过千山万水，前面又是万水千山。每天眼睛一睁开，都是一个新的生命的开始，所以不要让昨天的乌云，遮住今天的阳光。烦恼是多余的，并不能解决问题，是为解决问题而付出的利息。只要内心挺住，忧伤总会过去。

没有过不去的难关，只有解不开的心结。我们常常是自己困住自己，问题本身并不严重，只是我们的想法使问题变得很严重。人生其实没有什么好计较的，要坦然地面对人生中各种不合理的事。

俗话说："人生不得意事，十常八九。"虽然未必如此悲观，但人生总有不如意的时候，这是不争的事实，人生并不是想怎么样就能怎么样，有时候是想怎么样却偏偏不能怎么样。人生的际遇，像是海上的波浪，有时潮起，有时潮落。宋朝人苏东坡《水调歌头》词："人有悲欢离合，月有阴晴圆缺，此事古难全。但愿人长久，千里共婵娟。"这正是告诉人们，能够接受人生的不圆满，才能追求圆满的人生。

缘起缘灭，身不由己

在缘起、缘灭之间，我们常常身不由己。生命中有许多的无奈，我们必须逆来顺受，甘之如饴。古代的圣贤一再提醒我们，面对人生的苦难、忧患，只能无可奈何而安之若素，要勇于承担、接纳，而不是逃避、怯弱，人生才能常保喜乐、安泰、祥和，而不会有许多的抱怨、哀伤。

人生并不是一无所有，每个人都拥有一些筹码，我们都有机会和能力玩几回人间游戏。人生的无常，在少不更事的时候，是感觉不出来的。青春年少时，天不怕，地不怕，即便是跌跌撞撞，一身伤痕，也是勇往直前，无怨无悔。但是人到中年以后，经历了人世沧桑，身边熟识的亲朋好友，一个个撒手告别，就会认识到人生苦短，来日不多，弥足珍惜。

人生真正的财富，不是金银珠宝、地产、股票，而是自己的健康，以及亲情、友情与爱情。《圣经》中说：一个人拥有了全世界，而迷失了自己，这个世界对他有什么意义？人生最重要的是要肯定自己的存在，知道为何而活，如何而活，一个人如果不能珍惜自己，如何能珍惜别人？如果不会爱护自己，如何会爱护别人？

人在自然界面前，永远是渺小的。古代先民看到打雷、下雨、狂风、闪电，心生恐惧，认为是上天的愤怒；遇到干旱、洪涝、地震，认为是上天对人类的惩戒。民智大开之后，我们对宇宙自然的奥秘已有所理解，开始由畏天、敬天、顺天，逐步转变为制天。比起过去，我们已经很幸运了，随着科技的快速发展，人类早已登上月球，古人当成神话的事，现在已经逐一成为事实。然而人类的活动，依然受到来自自然界的种种制约。

　　人要知命而不认命。在无限的时空中，我们只是沧海一粟，浮云过客。但是，我们不必因此而悲观，忧心难过，而要珍惜所有，全力以赴，这才是生命的真谛。狂风、暴雨，都是天地所为，天地所为尚且不能长久，何况是人力呢？很多人看到狂风刮不了一整天，暴雨下不了一整夜，就想到人生的无力。但如果把天道的无常视为常道，顺受其正，不就释怀开朗了吗？

阅读省思：

1. 你对人生抱持什么态度呢？
2. 你能坦然面对学习、工作中的挫折吗？

在静候中看见成功的机会

我喜欢静,尤其在夜里,一个人静静地面对自己,茶、音乐、零食,全都是多余的,只要安静地、没有目的地坐着,就是一种享受。在白天,也许有太多的事伤脑筋,下了班,往客厅沙发上一躺,什么事都不去想,不就是缓解疲劳的妙方吗?静思,使我得到休闲的乐趣。

心静则灵

静有安静、宁静的意思。水静则明,心静则灵。老子主张致虚、守静,强调"静为躁根"。老子说:"不欲以静,天下将自定。"又说:"静胜躁,寒胜热,清静为天下正。"都在说明虚静的重要性。不只在位的人治理天下要清静无为,不要苛政扰民,一般人立身处世也要有清静无为的功夫。一个人能够做到虚静,对于一切事理才能有透彻深刻的理解,而不会自以为是、自矜自满,狂妄自大。一个人能够虚怀若谷,自然能够接纳别人的意见,而不会和别人发生争执;一个人能够静观自得,就会对天下的事理有全面而正确的认识，不会有偏颇和邪曲不正的看法。苏轼《送参廖师》诗："欲令诗语妙，无厌空且静。静故了群动，空故纳万境。"不只作诗的人需要虚静的涵养，对一切艺术的创作，以及做人的道理，虚明宁静的境界，都是很重要的。

平静的水面，能够清楚地映照人的形影。在安静的生活中，我们才能怡然自得，自适自足。现在的社会非常繁杂，有些人因为工作过分劳累和忙碌，性情变得非常粗暴急躁，经常和家人、同事发生争执，造成彼此心里的不愉快，甚至酿成严重的伤害。为了营造一个和谐安稳的社会、温馨甜蜜的家庭，人人都要有一颗宁静的心。

天地像是一具大型风箱，风箱本身是空空荡荡，什么也没有，可当其运转起来之后，就能产生很大的风力，吹炽火炉，起到冶铁的功能。天地廓然太虚，包容万物，化生万物，由无而有，生生不息。人的内心本来是虚明宁静的，但是往往被私欲蒙蔽，因而视物不得其明，行事不得其正，思想混乱，生活烦苦。

智慧来自于气定神闲

心如平原纵马，易放难收。古人说："擒山中贼易，擒心中贼难。"孟子说："学问之道无他，求其放心而已。"我们要如何才能把散放的心收回来呢？简单地说，就是要能澄心静虑。我们在澄心静虑之中，才能观照天地万象，了解生命的本源和天地万物变化的原理、原则。

每个人天生都有灵明的德行，可是这天生灵明的德行往往受到后天环境的影响而被污染、蒙蔽。人生的苦难，多半来自外界的种种污染。尤其在今天，文明愈进步、愈发达，对内心的干扰、影响就愈多。我们必须"时时勤拂拭，勿使惹尘埃"，把天生灵明的德行阐释清楚，让内心回复清明宁静。

气定神闲，心中常生智慧。人的内心平和安静，以静观变，以静制动，才能动静得宜，也才能缜密思考，知所取舍。遇到突然发生的意外事件，不会手忙脚乱，不知所措；面对各种美丽陷阱的诱惑，也不会迷失狂乱，沉迷堕落。

做人求其心安而已

所谓心安，就是内心平和安定。拥有一颗平和安定的心，是人生最大的幸福。我们常常因为太忙、太累，失去内心的平和安定，而且各种欲望的诱惑，也会让我们心生烦恼。人心不足蛇吞象，得了一百万，就想要一千万；当了经理就想做总经理，欲望的沟壑是很难填满的。

　　人生的苦难，常常是自找的，烦恼会燃烧我们的生命力，烦恼会抑制内分泌，使新陈代谢失调、免疫系统功能减弱，使人容易生病。当我们心里烦恼的时候，就会觉得很疲劳，甚至好像要瘫痪一样，对生命缺乏信心，对生活缺乏兴趣，尤有甚者，当压力大到无法承担时，还会有轻生的念头。当然，人生的苦难，有时候是老天给我们开的玩笑。不管是先天还是后天的灾难，都会让我们的内心无法平静。心安也就能平安，我们却常常不能心安。

　　内心平静，心灵才能清明。佛家讲贪、嗔、痴为三毒，而以戒、定、慧为三宝。我们要回归心灵的平静，就要从戒、定、慧下功夫。戒是戒律，《论语》一书也说："非礼勿视，非礼勿听，非礼勿言，非礼勿动"，在生活中要遵守各类规章制度，内心才能清明宁静。

在静默中守候成功

　　一个人要想成就一番事业，也是要在静默中守候，轻浮躁动的人是不能成事的。宇宙运行的规律，由静而动，由动返静，静是自然的本性。儒家讲定、静、安、虑、得，静不是不动，而是不妄动，心有定向，就不会妄动；心不妄动，处事就能沉稳，精思熟虑，从而达到预期的目标。在面临重大抉择的时候，冷静深思是最好的顾问。

成功来之不易，我们必须耐心等候，急事难成，太匆忙的决定，往往不是最好的决定。在生命转弯的地方，要小心慢行，心能虚空，才能平静祥和。内心的平静，是事业成功的基础。

静不是不动，而是动的另一种方式，天地万物，静中有动，动中有静。有些事是急不来的，性急会败事。凡事皆有定势，水到自然渠成，揠苗助长，反而会造成损害。我们对任何理想的追求，都必须按部就班，循序渐进，心急水不沸。急匆匆地把事情做完，未必能把事情做好。我们要追求把事情做好，而不只是把事情做完。耐心等候，成功就在不远的地方。

阅读省思：

1. 你做事喜欢讲求速度吗？
2. 你每天有静下心和自己交流的时间吗？

挫折也是转折

老子说:"有无相生,难易相成,长短相形,高下相倾,音声相和,前后相随。"我们一般人观察事物,只看到事物的表象,譬如看见高的东西就认为高,看见低的东西就认为低;看见大的东西就认为大,看见小的东西就认为小。其实,我们平常所谓的高低、大小、轻重、善恶、强弱……都是抽象的概念。这些概念都是相对的,而不是绝对的,没有大,怎么称为小?没有多,怎么称为少?大与"更大"相比,还是小;小与"更小"相比,还是大。没有左边,哪里有右边?没有前面,哪里有后面?宇宙间的一切事物都是层层重叠,彼此关联的,很难划分界线。昼夜虽然分明,但是时间的流动,我们很难严格加以区分;一个班里有许多个性鲜明的学生,却同属一个班集体;一个学校有许多不同的年级,却同属一个学校。

世间万物是相互转化的

老子说:"有与无互相产生,难与易互相形成,长与短互相比较，高与下互相依存，音与声互相配合，前与后互相跟随。"人世间的种种价值判断，都是相生相长的关系。老子又说："唯之与阿，相去几何？善之与恶，相去若何？"受到别人恭敬奉承，或者斥责鄙视，区别有多少呢？世俗所谓的善和恶，区别有多少呢？从世俗的眼光看是不一样的，但是经过深一层的探讨，对立的事物其实是互相依傍的，一方存在，另一方才能存在，一方的存在，是因为有另一方的存在。如果没有"无"，怎么能生出"有"，没有"难"，怎么知道"易"？没有"长"，怎么比出"短"？没有"胖"，怎么显出"瘦"？可见壁垒分明、互相对立的事物，本质上却是相辅相成的。

没有挫折就不是人生

挫折是人生之中所遇到的各种大大小小的打击和困境，这些打击与困境，有的来自不可抗拒的天灾人祸、生离死别，有的来自人际关系的冲突，有的是因为理想与现实的矛盾，还有的是因为处理事情的不妥善。人生的挫折是难免的，台湾宏碁电脑公司董事长施振荣曾说："挫折是必然的，没有挫折就不是人生。"出门过马路都有可能遇到红灯，走的路愈远，遇到红灯的概率就愈大。

挫折是生命成长的养料，也是培养一个人承受苦难能力的营养剂。当然，水能载舟，也能覆舟，一念天堂，一念地狱，有人把挫折当跳板，也有人把挫折当苦难。面对挫折，有人超越它，也有人向它低头。人的一生，不是想要什么就能得到什么，很多时候会事与愿违。成年人因为生意失败、夫妻感情失和，会轻生甚至伤害别人，小孩子也会因为考试成绩不理想而心情沮丧，这都是没有正确认识挫折的意义。

挫折可以是一股正面的力量，也可以是一股负面的力量。古今中外很多成功的人士，都是从失败挫折中坚持奋发，最后获得胜利果实。亚伯拉罕·林肯出生在贫困的家庭，一生都在面对挫败，八次竞选，八次失败，直到最后竞选总统成功。孙中山先生发动辛亥革命，推翻清政府，也是经历了多次的失败。台湾口足画家谢坤山年轻时因受电击，失去了双手、一只脚，眼睛也受伤，他依靠坚强的毅力和不服输的精神，坚持作画，鼓舞很多年轻人奋斗的意志。

台湾知名作家戴晨志，早年高中毕业，服完兵役后，在一家印刷厂当送货员。有一天，他到某大学七楼办公室送货，学校保安因为他不是学校的老师不准他搭电梯。戴晨志受了刺激，从此发愤读书，考上大学，并去研究所深造，后来也在大学担任教职。

挫折是上天给我们的恩典

人生有得意的时候，也有失意的时候，挫折是上天给我们的恩典。一个人之所以没有成功，往往不是没有能力，而是没有努力，或是站错了位子，用错了方法。我们不是不够好，而是老天要我们更好。孟子说："天将降大任于斯人也，必先苦其心志，劳其筋骨，饿其体肤，空乏其身，行拂乱其所为，所以动心忍性，增益其所不能。"挫折可以置人于死地，也可以让人置之死地而后生。一个人承受苦难的能力愈强，成功的机会愈大。在遇到强大的挫折、逆境时，我们要保持乐观的心情，勇敢面对，永不放弃。

成功的人从挫折中寻找机会，失败的人在挫折中找到借口。因为有巨石的阻碍，溪流才能发出潺潺的乐音；因为有冷霜的浸洗，秋天的枫叶才能火红绚丽。没有经过寒冷的冬天，怎能看到春天的美景？不经一番寒彻骨，怎得梅花扑鼻香？

挫折，表示在人生的道路上遇到暂时的障碍，或是距离成功还差几步。然而挫折只是表示当前解决问题的能力有限，而不是彻底的失败。失意不能失志，打败失败才不会被失败打败。挫折是一所学校，我们要学习许多不同的功课才能毕业，诸如谦卑、反省、宽恕、信心、忍耐。

挫折是成功的绊脚石，却也是成功的垫脚石。有些人遇到挫折就灰心丧气，一蹶不振，不断贬抑自己，焦虑、烦躁、自暴自弃，或是怨天尤人，心里充满怨、怒、恨。其实，挫折的背后潜藏着正面、积极的效应，只要用心寻找就能发现危机背后的转机，这正是激励人心、改变人生的契机，只要把生命的潜能激发出来，就能转败为胜，逆中求胜。人生的转折点，往往是从失败开始的。当爬起来的次数，比跌倒的次数多一次的时候，就是成功的时候，所以一个人不怕遇到挫折，就怕不能从挫折中振作起来。挫折孕育成功，人不放弃自己，就不会被老天放弃。

阅读省思：

1. 你在生活中遇到过什么挫折呢？
2. 你在遇到挫折时，抱持什么信念呢？

大处着眼　小处着手

老子说："图难于其易，为大于其细。天下难事，必作于易；天下大事，必作于细。"想做大事业的人，一定要能大处着眼，小处着手。有宏伟的志向，远大的目标，同时，要胆大心细，不能好高骛远，盲目冲撞。古代的圣贤不会妄自尊大，所以能成就自己的伟大。胡适先生说："做学问要大胆假设，小心求证。"这与老子的话不谋而合，都是提醒世人在处理事情的时候，要步伐稳健，脚踏实地，实事求是，从细小、容易的事开始。一块大的比萨饼，我们一口吃不下，可以切割成几小块，这样就可以把那块大的比萨饼吃完。

孙中山先生曾经说："什么是大事呢？一件事情从头到尾做成功，就是大事。"不是只有很大的事才是大事，法国科学家巴斯德发现了微生物，虽然微生物细小得连肉眼都看不见，但是巴斯德发现微生物，对人类有非常重大的贡献，这就是大事。

态度决定高度

我们做任何事，都要有周详的计划，不能想到什么就做什么，或是三心二意，常常因为别的事分心。有些人虽然工作很多、很忙，却因为没有条理，而看不到成效。我们做任何事，都必须抱持审慎的态度，细腻的心思，专一的心志。

态度决定高度，一个做事很随便的人，是成不了大器的，一个把每件事都看得很简单的人，一定会遇到很多困难。反之，一个十分敬业、很有拼劲的人，一定能成就大的事业，成为人人敬仰的对象。日本野田圣子念大学的时候，曾经在日本帝国大饭店打工，负责厕所清洁的工作。刚开始的几天，她很不习惯这项工作，有一天她看到与她一起工作的老清洁工，居然从清理干净之后的马桶舀了一杯水喝，她大为惊讶。老清洁工很自豪地说，他清理过的马桶，保证是非常干净的。野田圣子突然大受启发：任何工作不论性质如何，都有理想、境界，以及更高的品质可以追求，而工作的意义与价值不在其贵贱高低，从事工作的人能不能专注于工作的本身，而要去挖掘其兴趣与功能，这才是重点。从此之后，野田圣子不再讨厌她的工作，她抱持积极、敬业的精神，努力做好她的事，大学毕业后，她顺利成为帝国大饭店的正式职员，而且晋升很快，后来步入政界，成为内阁邮政大臣，是当时最年轻的阁员。

富士康总裁郭台铭早年念书的时候，为了缴纳学费，就在橡胶厂、砂轮厂、制药厂打工，小小的年纪就已展现出惊人的拼搏精神。他后来创业的历程，也是极为坎坷的，但是郭台铭不畏任何困难的打击，逐一克服。他现在已是全世界数一数二的电子产业大亨，但是他仍然非常努力，继续拓展企业的版图。

成功来自自己的努力

从前有一个国君很会治理国家，他年老的时候，想把古今成功者的经验编成书，留传给他的百姓和子孙。朝廷大臣编写了厚厚的12本书，内容很好，但是看完要花很多时间。国君让大臣重新修订，大臣将图书内容压缩为一个精华本，可是国君还是觉得太多，最后大臣总结了一张纸，内容只有一句话，那就是：天下没有白吃的午餐。

戴胜通曾是台湾三胜制帽公司董事长，因为投资亏损，债台高筑，住房和工厂全被拍卖，但是他并没有逃避，而是勇敢面对债务，东山再起。他现在已经是台湾非常有名的旅游作家，还开办了自己的旅行社。

台湾"经营之神"王永庆,有一天很晚才下班,走出办公室,看见一名工人正在打扫卫生,他很亲切地对那名工人说:"好好干,以后你也可以像我一样。"没想到那名工人也对他说:"王老板,好好干,不然以后也会像我一样。"这当然只是一则笑话,寓意却非常深远。十年河东,十年河西,清洁工人当然有一天也能像王永庆那样白手起家,创立自己的商业帝国,但是如果王永庆不努力经营,他的企业王国也会有倒塌的危险。

阅读省思:

1. 你是个急性子的人吗?
2. 你做事会循序渐进、由易而难吗?

战胜自己才是强者

老子说:"胜人者有力,自胜者强。"战胜别人只是赢家,战胜自己才是强者。战胜别人只要力量比别人强就可以,战胜自己却要有无比的信心与毅力,克服内心的贪、嗔、痴、慢、疑。俗话说:"一个人最可怕的敌人是自己。"法国拿破仑在全盛时期几乎统治半个欧洲,滑铁卢战败后被囚禁在一个小岛上。他很感慨地说:"我可以战胜无数的敌人,却无法战胜自己的心。"可见要战胜自己的心是很不容易的,只有能够战胜自己,才能战胜一切,欲左右天下,必先左右自己。

奥林匹克精神

在2008年北京奥运会乒乓球女子单打决赛中,张怡宁夺冠,王楠屈居亚军。事实上,王楠于2005年罹患甲状腺癌,但她始终没有放弃,坚持训练,一路过关斩将,杀进决赛,她不屈的意志,特别令人感动。

同样是在 2008 年的北京奥运会上，苏丽文代表中国台北队参加跆拳道女子 57 公斤级比赛，在第一战中就因左膝受伤败给韩国选手林秀贞。在复活赛中，苏丽文强忍伤痛上场，几次因体力不支倒地，却顽强地爬起来继续，最终获胜晋级。在之后与克罗地西亚选手交战时，苏丽文依然忍着伤痛奋战到底，虽然最终落败，但是在比赛过程中，跌倒了 11 次，每一次都勇敢地站了起来，体现出顽强的奥林匹克精神，令人非常敬佩。

身残志坚

　　巨人和敌人都在我们心里，战胜自己，便可以使自己成为心中的巨人，放弃自己，就会被心中的敌人打败。放弃只是一句话，坚持却要一辈子。面对人生中的打击，我们要突破而不是看破。有一个女孩寄一封信给她男朋友，男朋友打开信一看，竟是一张白纸，而信角有个破洞。男朋友不解，请教他的好友，第一个好友说：女朋友要你看破，第二个好友说：女朋友要你突破。事情经常有两面的看法，我们应该保持阳光的心态，勇往直前，永不放弃。

　　美国海伦·凯勒幼年因急性脑炎导致失明、失聪，依靠老师安妮·莎莉文耐心的教导与关爱，才学会流畅地表达，开始与别人沟通并接受教育。海伦·凯勒以惊人的毅力，完成了哈佛大学拉德克利夫学院的学业，并于1904年毕业，成为人类历史上第一位获得文学学士学位的聋哑人。成年后，她继续广泛阅读，刻苦学习，成为著名的作家和教育家。

《五体不足》一书的作者乙武洋匡，一生下来就没有手，没有脚，但是他没有因为自己身体的缺陷而自暴自弃，反而更加努力地克服困难，亲自完成生活中大大小小的事情，不自怨自艾、怨天尤人，积极、乐观、勇敢地面对人生中的逆境，他常说："我的人生，只有'充实'二字"。

勇于超越

一个人最大的敌人是自己，真正的伟大，不是赢过别人，而是战胜自己。在人生的战场上，我们一直会有各种不同的挑战和横逆，不管是成功还失败，我们都要有胜不骄、败不馁的精神。

周杰伦是著名歌手及音乐人，很多年轻歌迷的偶像。他是家中的独子，14岁时父母离异，使得他个性沉稳而倔强。他从小就有音乐的天赋，4岁开始学钢琴，而且弹得很好。高中毕业后，没有考上大学，曾在餐厅打工端盘子。机缘巧合，有一次周杰伦在餐厅的钢琴台弹奏贝多芬的名曲，被餐厅老板赏识，后来又被综艺界名人吴宗宪看中，开始走上音乐成名之路。他自述自己的成功，不是输不起，而是不服输。人就是要有不服输的精神，才能勇敢挑战自己，迈向高峰。

蔡依林是实力派的女歌手，多次获得金曲奖，举办了很多场大型演唱会，极受歌迷的欢迎。但是她刚出道的时候，并不被看好，记者在报纸上很苛刻地批判她。但蔡依林没有泄气，以自己的努力，勤于练习，挑战极限，苦练芭蕾，凡事坚持到底，追求完美，这才有了今天的成绩。

曾雅妮是台湾职业高尔夫球球手，多次赢得世界女子高尔夫球赛比赛冠军，是历史上第六位世界高尔夫球后。2012年曾雅妮与林书豪同登美国《时代》周刊，她成名之后，一点也不骄傲，她说："我希望这个位子坐久一点……"曾雅妮不断自我激励，一直追求人生新的顶点。

保持清醒的头脑

每个人都有追求梦想的权利，只要不被自己打败，就有机会圆梦，成为强者。如何才能战胜自己呢？简单地说，就是要自觉、自律。很多人怕失败，所以失败，怕才是唯一该怕的。

老子说："富贵而骄，自遗其咎。"很多人功成名就，拥有财富之后，就过上了骄奢淫逸的生活，日趋堕落，结果就会自取祸咎。一个人要想成功，必须战胜自己的骄傲、自负、懒惰，也要战胜自己的自私、贪婪、自卑。

自觉是自我的觉醒，是对自己的深刻了解，一个人能够不断自我反思，才不会逾越规矩。自律是对自我的要求，一个人要求自己愈严厉，愈容易成功。在人生的道路上，有许多的诱惑，如果沉不住气，就会迷失、沉沦，难以自拔。

阅读省思：

1. 你对自己要求很严格吗？
2. 你会常常学习名人奋斗史吗？

物壮则老

天地万物循环不已,物极必反。老子说:"天之道,其犹张弓与?高者抑之,下者举之;有余者损之,不足者补之。"我们张弓射箭,举的弓偏低了,就要抬高一些;举的弓偏高了,就要放低一些,这样才能射中目标。老子举射箭的道理,说明自然运作是损有余而补不足,多了就被减损,少了就会增加。

循环往复是天地万物运行的定律

循环往复是天地万物运行的定律,老子引述古人的话:"曲则全,枉则直,洼则盈,敝则新,少则得,多则惑。"委曲自己的人,才能保全自己。是非只因强出头,锋芒毕露的人,往往会被忌妒、打击、伤害,而居处弱势的人,则是被同情、保护、照顾的一方。绳子弯曲了,很容易就可以伸直,绳子打了再多的结,抽出来也只是一条长线而已。下雨的时候低洼的地方先被填满,破旧的东西先被换新,东西少才能多得,东西多了反而不知道该如何安排。因此，老子一再主张，要我们示虚、戒满、戒得。因为虚才能满，得就会失。

月有圆有缺，物有盈有亏，人有得有失，这是很自然的事。人在得意的时候，就会欣欣然；而在失意的时候，就会戚戚然。人生要如何才能长久并保持快乐的心态呢？简单地说，就是要知止、知足、舍得、放下。快乐幸福之道，就是要常怀感恩的心，珍惜所有。

老子说："持而盈之，不如其已；揣而锐之，不可长保。"不想使杯子里的水满溢出来，就要及时停止，不要再往杯子里倒水。竹片、木片打磨得太细，就容易被折断，人太爱出风头，就会被打压。韬光养晦，守柔、守弱，一直是老子所强调的处世之道。

人生有得意的时候，也会有失意的时候，就像天气一样，有时风和日丽，有时狂风暴雨。高山的背后是深谷，有上坡路就有下坡路。生、老、病、死是人生必经的过程，人总会壮，也总会老，日出日落，这是自然的现象，我们必须坦然接受。人生有智慧，生命就不会有无力感，面对生命的无常，我们要有圆融、宽厚、豁达的心态。

圆融不是圆滑，圆融是指对事情有通达的看法与做法，圆滑则是对人、对事虚与委蛇、奉承巴结，而又不负责任。做人做事该怎么样就怎么样，不该怎么样就不要怎么样，但是不能盛气凌人，而要理直气婉，委婉含蓄，通达圆满。

豁达地面对人生

人生是不圆满的，不只自己不能十全十美，别人也不能十全十美，所以我们要以一颗宽厚的心，看待自己的不圆满和别人的不圆满。人生是计较不完的，什么叫得？什么叫失？什么叫多？什么叫少？很难有定论。多了的东西未必是好。最近网络中流行一段话："放开一点，简单一点，单纯一点，就会开心一点。"人生要舍得，身体太重的人，行动笨拙；体态轻盈的人，才能健步如飞。家里堆满家具、衣物，即便非常珍贵，价格不菲，也会因为用不着、穿不着而成了累赘。

有一个年轻人开车不小心，发生车祸，车子被撞毁，幸好身体没有受伤，他回家告诉妈妈这件事。妈妈问孩子，开的是新车还是旧车？孩子回答，是新车。妈妈说，你真走运。孩子问妈妈，为什么开新车被撞毁，还真走运？妈妈回答，不管是开新车还是开旧车，只要命还在，就是幸运的。是啊！车子如果被撞毁，还可以再买一辆，命却只有一条，命没有了，就什么都没有了。很多人开车被撞，一定觉得很倒霉，而这位孩子的妈妈却能非常豁达地看待问题，这是值得我们学习的。

宋朝大文学家苏轼是个个性十分豁达的人，常因为逞口舌之快，得罪在朝的高官，并多次被贬官到偏远地区，过着穷困的生活，但是他很豁达，能够苦中求乐，超然物外。有一天他出游的时候，突然遇到一场大雨，他并没有急着躲雨，反而随缘自在，身体淋湿了，却感觉十分欣喜，怡然自得。回去之后，写了一首非常有名的词《定风波》，深得大家的喜爱，尤其是其中"回首向来萧瑟处，归去，也无风雨也无晴"的名句，描写一个人走过人生风风雨雨之后，云淡风轻，了无挂碍的豁达心境，令人叫绝。

活在当下，做好自己

人生没有什么放不下的，迟早要全都放下。人生最重要的就是活在当下，做好自己，过好自己，活出自己的境界。一个老和尚带着小和尚过河，正巧一位姑娘也要过河，向老和尚求助，老和尚就背着姑娘过河。过了河之后,小和尚问老和尚说:"我们出家人不是不能接近女色吗?为什么您要背那位姑娘过河?"老和尚说:"这件事我早就放下了,你为什么还放不下呢?"

人生的苦难是难免的,我们必须勇于面对、勇于承担,生命中最艰苦的岁月,令我们成长最多。老子说:"物壮则老。"这值得我们深思,物戒太满,人戒太盛,走向最高峰也就意味着开始走下坡路,要时时谨慎小心,居安思危,示虚、示弱,不要逞强斗狠。另一方面,我们也必须理解人生中的无奈,面对壮与老,要能豁达开朗地接纳,欢欢喜喜,直到生命的终点。

阅读省思:

1. 你能以一颗豁达的心面对人生中的无奈吗?
2. 你能理解"物壮则老"的道理吗?

诚信是做人的根本

一个人立身处世要讲求诚信,孔子说:"主忠信""民无信不立"。老子也说:"轻诺则寡信。"儒家与道家都非常重视诚信的重要性,因为诚信是做人的根本法则。

轻诺寡信与一诺千金

童话故事中,"狼来了"的故事,讲一个放羊的小孩,经常骗猎人说狼来了,害得猎人三番两次忙着要去救他,却扑了个空。等到后来狼真的来了,猎人却不再相信放羊小孩的话,结果那小孩就被凶狠的狼给吃掉了。

西周末年,周幽王为了逗妃子褒姒开心,好几次在没有外敌入侵的情况下点起烽火。每次诸侯都非常紧张,前来救援。褒姒看到诸侯忙乱的样子,哈哈大笑。诸侯后来知道受骗,都很生气。所以当敌人真的来进犯时,诸侯不愿再受骗,就没有人前来救援了,这就是"烽火戏诸侯"的故事。

春秋时期,晋国发生内乱,公子重耳逃到楚国。楚王热情地招待他，重耳为了表示感谢，答应楚王如果有一天晋楚两国军队交战，他将命晋国军队退避三舍，也就是九十里，以示礼让。后来晋楚两国军队兵戎相见，当了国君的公子重耳，果然信守承诺，命令晋国的军队后退九十里，传为美谈。

"一诺千金"的故事，则是叙说秦朝末年，季布个性直爽，乐于助人，答应帮助别人的事，不管有再大的困难，都会努力做到。当时有一句谚语："得黄金百斤，不如得季布一诺。"一个不守信用的人，是得不到别人信任的。答应别人的事，一定要努力做到，做不到的事就不要轻易答应，免得辜负别人对自己的期待，伤了亲朋好友的和气。香港首富李嘉诚曾经说："一个有信用的人，比起一个没有信用、懒散、乱花钱、不求上进的人，自必有更多的机会。"这是他自己的座右铭，也是他给年轻人的忠告。

信用无价

信用是一个人做人做事非常重要的资源，一个人没有信用就很难立足于社会，人与人，团体与团体，人民与政府之间都要互信，才能顺利沟通。有信用的人才能得到别人的认可、尊敬；相反，一个喜欢讲空话、讲大话的人，是无法得到别人的尊敬的。

我们不要随口允诺，答应别人的请求之前，应先思考后果。

读过"赵氏孤儿"故事的人，一定会深受感动。春秋时代晋国大臣赵盾，被屠岸贾陷害，惨遭杀戮。晋景公即位的时候，赵盾已死，他的儿子赵朔继承其业，屠岸贾又准备杀掉赵朔一家，赵朔的妻子庄姬怀孕即将临盆，因为她是齐景公的姑姑，得以到王宫避难，产下一个男婴，取名赵武。屠岸贾怕赵氏孤儿长大报仇，赶尽杀绝，下令若不交出赵氏孤儿，将杀尽全国半岁以下的小孩。庄姬把赵氏孤儿托付给门客程婴，自缢而死。程婴为了保全赵氏骨肉，将自己的儿子献出，以替代赵氏孤儿。故事感人肺腑，体现了中国传统的忠孝节义精神。

君子重承诺

成功企业家的精神是讲求效率、强调服务，而且重承诺、守信誉。台湾台达电子公司，1971年刚创立的时候，是一个只有15人的小公司，40多年后，已经是世界级的大型企业，挤进了"千亿俱乐部"。他们成功的因素很多，最为人称道的是董事长郑崇华的信守承诺。郑崇华最初在美国天合汽车集团工作，他要离职创业时，告诉天合汽车集团老板，他的生意有些地方和天合汽车集团是交叉的，但是他保证3年之内不会跟天合汽车集团竞争。

3年之后,他才与天合汽车集团有了竞争。

温州人是很会做生意的,可是很多劣质假冒的产品影响了温州人的商誉。20世纪80年代温州皮鞋的粗劣品质,遭到全国消费者的抵制,很多商店甚至贴出"本店无温州鞋"的告示。在2013年8月8日召开的"诚信会议"上,时任温州市市长的陈金彪致辞时特别强调,"再不重塑温商信誉,就走不出去""今天是个开放的时代,世界走进来,我们要走出去"。孔子说:"人而无信,不知其可也。"守信,当然是非常重要的事。

君子重然诺,可是像"尾生之信",是不足取的。据《庄子》记载,有一个叫尾生的年轻人,有一天和一位姑娘约好在桥梁下见面,到了约定好的时间,突然下起了暴雨,洪水泛滥,姑娘一直没有去赴约,而尾生却苦守在桥梁之下,最后抱着柱子被洪水淹死了。

诚信与人情世故

"天有不测风云,人有旦夕祸福""人算不如天算",很多事不是我们能预先算计到的。我们对别人的承诺,当然要努力做到,但是如果有不可抗拒的因素,一定要尽快让对方知道,取得对方谅解。现代科技发达,沟通非常便捷,我们应该尽早利用手机、网络等现代化的通信工具，表达不能信守诺言的歉意，以免造成不必要的误会。

老子的思想虽然崇尚自然，但是对于人情世故，也是非常通达的。老子说："圣人犹难之，故终无难矣。"圣人做事是很谨慎的，先把容易的事也看得很困难，有可能最终就没有困难。相反，如果把事情都看得很容易，势必遇到重重的困难。老子强调"轻诺必寡信"，是很有道理的。有些人信口开河，讲话声音很大，好像他很有本事，可是深入了解之后，会发现这些人只是虚张声势，随口说说，实际没有什么本事。所以古人说："听其言，观其行"，强调要看一个人是不是言行一致。轻诺必寡信，一方面告诫我们不要轻易承诺，承诺不能兑现，就像银行的支票无法兑现，最终失去别人的信任。同时，这也提醒我们，轻易承诺的人，可能无法兑现承诺，我们要小心谨慎，不要受骗。

阅读省思：

1. 你很容易相信别人的承诺吗？
2. 你对别人做出了承诺，会负责到底吗？

说话是一门艺术

老子说:"圣人处无为之事,行不言之教。"圣人做的是"无为"的事,实行的是"不言"的教育。圣人以"无为"的态度来处事,以"不言"的方法来教导百姓。老子说的"无为"并不是一无所为,什么事都不做,而是顺应自然,该做的事还是要做,不该做的事就不做。大道生育万物、培育万物,都是依着万物的本能去发展,而不加以主宰,或占为己有。圣人法天而行,治理百姓,也是要顺应百姓的要求,让百姓"甘其食,美其服,安其居,乐其俗",而不要有太多的作为。在上位的人如果政令繁多苛刻,赋税太多,妄作乱为,就会使百姓无所适从,甚至起来反抗,造成天下大乱。

不言之教

圣人为什么要行不言之教呢?孔子说:"天何言哉?四时行焉,百物生焉,天何言哉?"孔子说要效法天道,"予欲无言"。

他的弟子子贡说："老师如果不开口说话，我们学生哪能有所传述呢？"孔子效法的是天道，天道哪里说过什么话呢？所以"子欲无言"，行"不言之教"。

天道不言，圣人也不言，唐代文学家柳宗元写《种树郭橐驼传》，借郭橐驼种树的经验，阐明为政之道应该像种植树木一样，顺应树木的本性。在位的人不应该政令繁多苛刻，干扰百姓的生活，许多当官的人喜欢不断发布政令，好像是爱护人民，结果却是伤害人民。老百姓整天应付差役，哪有时间专心耕种、织布、畜养牲畜呢？

身教重于言教

圣人行不言之教的另一层意思，是圣人以身作则，以身教代替言教。《论语》中季康子向孔子问政，孔子回答说："政者，正也。子帅以正，孰敢不正？"为政之道，就是要能以身作则，在位的人身教重于言教，为政不在多言。"其身正，不令而行；其身不正，虽令不从。"这也是孔子重要的政治思想。

其实，不只为政之道如此，在家庭和学校之中，父母和师长教育子女、学生，也是强调以身作则。由于社会功利化的影响，有的小孩在家里帮忙做家务，要求父母给劳务费，学生在学校给老师帮忙，要求记功、嘉奖。有一则故事，一位小学生帮妈妈到超市买东西，帮爸爸除草、倒垃圾，第二天上学前给爸爸、妈妈留了一张账单，要求给工资。孩子的爸妈看了之后，并没有生气，重新写了一张账单给孩子，账单的内容，是父母一直以来对孩子的关爱，当然不是要孩子付什么钱，而是说明父母对孩子的爱，一直都不求回报。父母"无言"的教育方式，感动了小孩，再也不提"账单"的事了。如果父母等孩子放学回家之后，大声斥责，或是讲一番大道理，会让孩子有什么想法呢？一定会闹成僵局，彼此都很不开心。这对父母的教育方式，真是无声胜有声，值得学习。

说话的艺术

说话不难，但是要把话说好很难。说话的艺术，也是在求真、求善、求美。说话要讲求技巧，但是说话不能只讲求技巧。有的人鼓其三寸不烂之舌，口若悬河，出口成章，能说会道，每一句话都很好听，可是仔细回味，又没什么内容，因为他们善于渲染，善于包装，言辞美丽动人，却没有存真心、说真话。

老子说:"善言不美,美言不善。"善言不一定不美,美言也不一定不善。不过一般而言,真实的话不一定中听,中听的话不一定真实。大家爱听好听的话,好听的话不一定是真实的话。我们未必很漂亮,却喜欢别人说我们漂亮;我们未必聪明,却喜欢别人说我们聪明,这就是"中听的话,不一定真实"。反之,良药苦口,忠言逆耳,这就是"真实的话,不一定中听"。我们要听该听的话,而不能只听中听的话。

战国时代,齐国邹忌是个美男子,但是城北徐公比他更俊美。有一天,邹忌在家穿衣服的时候,问妻子他和徐公谁漂亮?妻子回答说是他漂亮,后来他问了妾,妾也说他漂亮,第二天,朋友来了,邹忌问朋友,他和徐公谁漂亮?朋友说他漂亮。过几天,邹忌遇到徐公,回家照镜子,怎么看都自觉不如徐公漂亮。那么,妻子为什么说他漂亮呢?因为妻子爱他。妾为什么说他漂亮呢?因为妾怕他。朋友为什么说他漂亮呢?因为朋友有求于他。可见语言的真实性,会受到人情的影响。人贵自知,别人说你好或不好,自己必须冷静地思考判断。

语言是表情达意的工具、手段,人与人之间的交往,常常要借助语言的传达来交流、沟通。不过,朋友深交,莫逆于心,人之相知，贵在知心。一颦一笑之间，语言有时候是多余的，心有灵犀一点通，即便一句话都没有说，彼此心里也都很明白。亲朋好友的欢乐，我们要能分享，亲朋好友的忧苦，我们也要能分担。在朋友伤心难过、悲泣痛哭时，我们说再多安慰的话，他们也是听不进去的，不如等到悲伤的情绪得到缓解之后，再递上纸巾，让对方擦拭脸上的泪痕，这是无言的安慰。另外，亲友相聚，有时也不必讲很多话，彼此默默相视，不也是无声胜有声吗？成为一名杰出的演说家靠技术，成为一名最佳听众靠艺术，别人常常不在乎我们说什么，而在乎怎么说，怎么听。

阅读省思：

1. 你是位能说会道的人吗？
2. 在朋友聚会中，你是位好听众吗？